SAVEURS ET PARFUMS

❋

DES 4 COINS DU MONDE

Poissons et fruits de mer

Alexandre Libedinsky

ÉDITIONS DU TRÉCARRÉ

Données de catalogage avant publication (Canada)

Libedinsky, Alexandre, 1963-

Poissons
(Saveurs et parfums des 4 coins du monde)
Comprend un index

ISBN 2-89249-983-6

1. Cuisine (Poisson). I. Titre. II. Collection.

TX747.L52 2001   641.6'92   C2001-940538-3

Conception graphique et mise en pages :   Cyclone Design Communications
Photographie :   François Croteau
Révision linguistique :   Suzanne Alix
Correction d'épreuves :   Diane Martin
Indexeure :   Diane Baril

Nous reconnaissons l'aide financière du gouvernement du Canada par l'entremise du Programme d'aide au développement de l'industrie de l'édition (PADIÉ) pour nos activités d'édition; du Conseil des Arts du Canada; de la SODEC; du gouvernement du Québec par l'entremise du Programme de crédit d'impôt pour l'édition de livres (gestion SODEC).

ISBN 2-89249-983-6

Dépôt légal, 2001
Bibliothèque nationale du Québec

Imprimé au Canada

Éditions du Trécarré
Outremont (Québec) Canada

Table des matières

Introduction

Introduction

Les poissons ont été les premiers des vertébrés à faire leur apparition sur terre. L'être humain est venu beaucoup plus tard, mais il n'a pas mis de temps à comprendre que la chair de ses vénérables ancêtres aquatiques constituait un vrai régal ! D'eau douce ou d'eau salé, osseux, cartilagineux, fuselés, plats ou allongée, les rivières, les mers et les océans regorgent de milliers d'espèces de poissons.

Il n'est plus besoin de faire des kilomètres pour déguster du poisson frais, l'aventure est au coin de la rue, à travers les étals des poissonniers qui offrent aux consommateurs des produits exotiques en provenance des quatre coins du monde. Pourtant, il faut bien dire que cette prodigalité nous laisse parfois perplexes. Si nos sens sont sollicités par cette abondance de formes et de couleurs, le fait est que nous n'osons pas toujours nous " mouiller ", de peur d'être incapables d'apprêter ces poissons dont le nom nous était jusque là inconnu. POISSONS ET FRUITS DE MER, *Saveurs et parfums des 4 coins du monde*, vous propose d'élargir vos horizons culinaires en vous faisant découvrir quelques-unes des meilleures recettes de poissons et de fruits mer de par le monde.

Si la chaîne du froid et les moyens de transport modernes nous permettent de savourer tous les jours du poisson d'une fraîcheur irréprochable, les poissons fumés, séchés, en saumure ou fermentés demeurent très prisés pour leurs qualités gustatives. La morue salée ne confère-t-elle pas à la brandade son goût si caractéristique ?

En général beaucoup moins gras que les autres viandes, le poisson est une excellente source de protéines, de phosphore, de magnésium, de cuivre et d'iode, ainsi que de vitamines A et D, dans le cas des poissons dits gras. Et si l'on sait maintenant que nos grand-mères avaient raison de nous dire que " le poisson rend intelligent " (en raison du phosphore qu'il contient) des études ont également démontré qu'une consommation régulière de poisson peut réduire considérablement les risques de maladies cardio-vasculaires.

POISSONS ET FRUITS DE MER, *Saveurs et parfums des 4 coins du monde*, présente les plus exquises des mille et une manières dont le poisson et les fruits de mer sont apprêtés de par le monde. Ces recettes, les plus réputées et les plus éprouvées, se prêteront délicieusement à une multitude d'occasions, à condition toutefois que la fraîcheur soit au rendez-vous.

Comment choisir le poisson ?

D'abord, fiez-vous à votre nez : le poisson frais sent la marée et n'a pas cette odeur désagréable caractéristique des poissons qui traînent depuis quelques jours sur l'étal. Si vous le regardez, un poisson frais devra avoir des yeux clairs et bombés, en plus d'une peau luisante. Mais faites attention : un vieux truc consiste à enduire la peau des poissons moins frais d'un mélange de blanc d'œuf et d'eau, ce qui leur redonne du lustre. Les ouïes doivent être d'un beau rose vif, tirant sur le rouge, et être bien plaquées au corps. Enfin, au toucher, la peau du poisson frais devra être poisseuse plutôt que sèche et sa chair aura une texture ferme.

Il faut dire par ailleurs que les méthodes de conservation modernes sont en général très efficaces, au point où il arrive qu'un poisson vendu à quelques pas des eaux où il a été pêché soit moins frais qu'un poisson qui aura franchi des milliers de kilomètres dans les cales réfrigérées d'un navire. Tout dépend des soins qu'un pêcheur donné accordera à la conservation.

Et maintenant, que choisirez-vous ? Préférez-vous les poissons de mer ou les poissons d'eau douce ? Les aimez-vous pochés, grillés, à la nage, frits ou à la vapeur ? En sauce hollandaise, au vin ou aux tomates ? Tournez donc les pages et laissez-vous tenter par les effluves et les couleurs de mer qui vous attendent . Nous avons bon espoir que vos convives et vous-mêmes serez ravis... comme des poissons dans l'eau !

Soupes et coulis

INGRÉDIENTS

15 ml huile d'olive **1 c. à table**

2 oignons de grosseur moyenne, **2**
hachés grossièrement

4 carottes de grosseur moyenne, **4**
hachées grossièrement

6 branches de céleri de grosseur moyenne, **6**
hachées grossièrement

1 poireau de grosseur moyenne, **1**
haché grossièrement

2 pommes de terre de grosseur moyenne,
pelées et coupées grossièrement **2**

1 boîte de tomates en dés (796 ml/28 oz) **1**

1 pincée safran **1**

10 ml basilic séché **2 c. à thé**

10 ml origan seché **2 c. à thé**

5 ml thym séché **1 c. à thé**

10 ml graines de fenouil **2 c. à thé**

10 ml graines de coriandre **2 c. à thé**

4 gousses d'ail **4**

2 feuilles de laurier **2**

1 pincée de flocons de piment fort **1**

2 kg parures de poissons (saumon,
turbot, etc.) rincées et égouttées **4 lb**

sel et poivre au goût

2 L eau **8 tasses**

Rouille

15 ml huile d'olive **1 c. à table**

30 ml pâte de tomates **2 c. à table**

2 gousses d'ail hachées **2**

1 pincée de flocons de piment fort **1**

1 pincée de sucre **1**

1 pomme de terre de grosseur moyenne, **1**
pelée et bien cuite

1 jaune d'œuf **1**

sel et poivre au goût

250 ml huile d'olive **1 tasse**

Soupe de poisson et sa rouille

6 à 8 portions

MÉTHODE

1 Dans une grande casserole, chauffer l'huile à feu moyen et y faire revenir tous les légumes et les épices de 4 à 5 minutes.

2 Ajouter les parures de poisson et poursuivre la cuisson de 2 à 3 minutes. Mouiller avec l'eau. Saler et poivrer.

3 Porter à ébullition sans couvrir complètement. Enlever l'écume qui se forme à la surface à l'aide d'une écumoire et laisser mijoter pendant 1 heure.

4 Passer la soupe au mélangeur puis filtrer à la passoire.

5 Servir très chaud avec la rouille et des croûtons au fromage.

ROUILLE

1 Dans une petite poêle, chauffer l'huile à feu doux et y cuire la pâte de tomates, l'ail, le piment fort et le sucre de 4 à 5 minutes. Retirer la poêle du feu.

2 À l'aide d'une fourchette, mettre en purée la pomme de terre et mélanger avec la préparation à la pâte de tomates. Passer au tamis et laisser refroidir dans un bol. Une fois le mélange refroidi, ajouter le jaune d'œuf, saler et poivrer.

3 Avec un fouet, commencer à incorporer l'huile d'olive goutte à goutte et ensuite en filet de la même façon qu'on monte une mayonnaise.

4 Réserver au réfrigérateur.

Coulis de hareng fumé

4 à 6 portions

INGRÉDIENTS

15 ml huile d'olive **1 c. à table**

1 oignon de grosseur moyenne, **1**
haché grossièrement

125 g filets de hareng fumé **1/4 lb**
coupés en bâtonnets

1 gousse d'ail hachée **1**

2 ml thym séché **1/2 c. à thé**

1 feuille de laurier **1**

1 pincée de piment de Cayenne **1**

poivre du moulin

60 ml sauce soja **1/4 tasse**

750 ml crème à 35 % **3 tasses**

M É T H O D E

1 Dans une marmite de grosseur moyenne,
   chauffer l'huile d'olive à feu moyen et y cuire
   l'oignon de 2 à 3 minutes. Ajouter le hareng,
   l'ail, le thym, le laurier, le piment de Cayenne
   et le poivre et cuire pendant 2 minutes.

2 Verser la sauce soja puis la crème. Amener à
   ébullition à feu doux et laisser réduire de
   moitié à découvert. Retirer du feu.

3 Mélanger au robot culinaire ou au mélangeur
   de 2 à 3 minutes jusqu'à l'obtention d'une
   sauce homogène.

4 Passer au tamis et servir chaud ou froid.

Consommé de poisson et ses mini-pétoncles

6 à 8 portions

INGRÉDIENTS

500 g chair blanche de poisson hachée finement **1 lb**

1 oignon de grosseur moyenne, **1**
coupé grossièrement

2 grosses carottes, coupées grossièrement **2**

6 branches de céleri, coupées grossièrement **6**

2 poireaux, coupés grossièrement **2**

2 blancs d'œufs **2**

30 ml jus de citron **2 c. à table**

3 L fumet de poisson froid **12 tasses**

15 ml huile d'olive **1 c. à table**

15 ml beurre **1 c. à table**

500 g mini-pétoncles **1 lb**

60 ml persil frais, haché **1/4 tasse**

sel et poivre au goût

M É T H O D E

1 Dans une grande casserole, à l'aide d'une
   cuillère en bois, mélanger la chair de poisson,
   les légumes, les blancs d'œufs et le jus de
   citron.

2 Ajouter le fumet de poisson. Amener à
   ébullition en brassant continuellement jusqu'à
   ce qu'une croûte se forme à la surface, laisser
   cuire à feu très doux pendant 30 minutes.

3 Passer au chinois et garder au chaud. Vérifier
   l'assaisonnement.

4 Dans une grande poêle, chauffer l'huile d'olive
   jusqu'à ce qu'elle soit très chaude, incorporer
   le beurre et y saisir les pétoncles pendant 1
   minute.

5 Les égoutter sur des essuie-tout et les déposer
   dans le bol de consommé très chaud.

6 Décorer de persil frais.

Soupe won-ton au crabe

6 à 8 portions

1 oignon de grosseur moyenne, coupé grossièrement **1**

2 grosses carottes, coupées grossièrement **2**

6 branches de céleri, coupées grossièrement **6**

1 poireau, coupé grossièrement **1**

125 ml champignons blancs, coupés grossièrement **1/2 tasse**

4 gousses d'ail **4**

10 ml graines de fenouil **2 c. à thé**

10 ml graines de coriandre **2 c. à thé**

5 ml grains de poivre noir entiers **1 c. à thé**

5 ml thym séché **1 c. à thé**

4 feuilles de laurier **4**

1 pincée de flocons de piment fort **1**

15 ml huile d'olive **1 c. à table**

3 L eau froide **12 tasses**

2,5 kg crabes entiers (vivants) **5 lb**

Pâtes won-ton

15 ml beurre **1 c. à table**

6 blancs de poireaux, hachés finement **6**

chair des crabes, hachée en petits morceaux

2 gousses d'ail **2**

5 ml gingembre frais, haché finement **1 c. à thé**

sel et poivre au goût

40 feuilles de pâte à won-ton **40**

1 œuf battu **1**

eau pour la cuisson des won-tons

125 ml oignons verts hachés **1/2 tasse**

MÉTHODE

1 Dans une grande casserole, faire revenir les légumes et les épices dans l'huile d'olive à feu moyen.

2 Ajouter l'eau et porter à ébullition. Réduire à feu doux et laisser cuire pendant 30 minutes partiellement couvert.

3 Plonger les crabes dans l'eau. Porter de nouveau à ébullition et laisser mijoter à feux doux de 8 à 10 minutes. Fermer le feu et laisser refroidir les crabes dans le bouillon.

4 Récupérer les crabes et passer le bouillon au tamis. Réserver au réfrigérateur.

5 Retirer la chair des crabes et hacher en petits morceaux. Garder au réfrigérateur.

PÂTES WON-TON

1 Dans une poêle, chauffer le beurre à feu moyen. Ajouter les poireaux et cuire de 4 à 5 minutes.

2 Ajouter la chair des crabes avec l'ail et le gingembre, saler et poivrer. Poursuivre la cuisson pendant 2 minutes. Arrêter le feu et laisser refroidir.

3 Pour former les won-tons, au centre de la pâte, déposer 5 ml (1 c. à thé) du mélange crabe et poireaux.

4 Badigeonner légèrement de l'œuf battu et former les won-tons en pressant fermement les côtés pour qu'ils collent.

5 Dans une grande casserole amener l'eau à ébullition et y plonger les won-tons, laisser cuire à découvert de 3 à 5 minutes ou jusqu'à ce que les pâtes soient tendres. Bien égoutter et réserver au froid.

6 Dans une autre casserole, réchauffer le bouillon de cuisson des crabes réservé, ajouter les won-tons bien égouttés et servir très chaud.

7 Décorer des oignons verts.

Crème de brocoli aux moules

6 à 8 portions

très bonne soupe!

INGRÉDIENTS

15 ml huile d'olive **1 c. à table**

2 poireaux hachés **2**

1 pincée de thym séché **1**

2 feuilles de laurier **2**

1 pincée de piment de Cayenne **1**

poivre du moulin

1 kg moules **2 lb**

60 ml eau **1/4 tasse**

1,5 L eau chaude **6 tasses**

2 brocolis de grosseur moyenne, coupés en petits bouquets **2**

60 ml crème à 35 % **1/4 tasse**

sel et poivre au goût

MÉTHODE

1 Dans une grande marmite, chauffer l'huile d'olive à feu moyen. Y faire suer les poireaux et les épices à découvert de 2 à 3 minutes.

2 Ajouter les moules, 60 ml (1/4 tasse) d'eau, couvrir et cuire de 3 à 5 minutes jusqu'à ce que les moules soient ouvertes. Retirer du feu.

3 Passer le jus de cuisson des moules au chinois et le verser dans une grande casserole contenant 1,5 L (6 tasses) d'eau chaude. Porter à ébullition.

4 Vérifier l'assaisonnement et plonger le brocoli dans le liquide. Laisser cuire à découvert de 2 à 3 minutes, pour que le brocoli reste bien vert.

5 Passer la soupe au mélangeur ou au robot culinaire.

6 Ajouter la crème. Laisser frémir pendant 3 minutes, puis ajouter les moules décoquillées. Réchauffer pendant 1 minute, sans laisser bouillir, et servir très chaud.

«Caldillo» au saumon

6 à 8 portions

INGRÉDIENTS

15 ml huile d'olive **1 c. à table**

1 oignon de grosseur moyenne, émincé **1**

2 gousses d'ail hachées **2**

1 boîte de tomates en dés (796 ml/28 oz) **1**

1 ml thym séché **1/4 c. à thé**

1 pincée de poivre noir moulu **1**

2 feuilles de laurier **2**

2 L fumet de poisson **8 tasses**

5 pommes de terre de grosseur moyenne, pelées et coupées en rondelles de 2 cm (3/4 po) d'épaisseur **5**

1 saumon entier, coupé en darnes (2 kg/4 lb) **1**

60 ml persil frais, haché **1/4 tasse**

60 ml coriandre fraîche, hachée **1/4 tasse**

sel et poivre au goût

MÉTHODE

1 Dans une grande marmite, chauffer l'huile d'olive à feu moyen et y cuire l'oignon et l'ail de 2 à 3 minutes.

2 Ajouter les tomates avec leur jus, les épices et le fumet de poisson. Porter à ébullition et laisser mijoter partiellement couvert de 4 à 5 minutes.

3 Incorporer les pommes de terre, assaisonner et poursuivre la cuisson de 4 à 5 minutes ou jusqu'à ce que les pommes de terre soient *al dente*.

4 Ajouter les darnes de saumon et cuire de 4 à 5 minutes. Il ne faut pas trop cuire le saumon.

5 Servir très chaud avec le persil et la coriandre.

Beurre d'anchois

Donne **500 g ou 1 lb**

500 g beurre non salé coupé en petits cubes **1 lb**

125 ml persil frais, haché **1/2 tasse**

2 gousses d'ail hachées **2**

2 ml poivre noir concassé **1/2 c. à thé**

1 pincée de piment de Cayenne **1**

30 ml jus de citron **2 c. à table**

125 g filets d'anchois dans l'huile, **1/4 lb**
égouttés et hachés finement

MÉTHODE

1 Laisser reposer le beurre dans un grand bol à la
température ambiante pendant 30 minutes.

2 À l'aide d'une cuillère en bois, ramollir le
beurre.

3 Incorporer le reste des ingrédients et bien
mélanger le tout.

4 Envelopper le mélange dans une pellicule
plastique, former un cylindre et réfrigérer
pendant 2 heures.

Tapenade

Donne **500 g ou 1 lb**

400 g olives noires dénoyautées et égouttées **14 oz**

125 ml câpres **1/2 tasse**

3 gousses d'ail **3**

3 filets d'anchois dans l'huile égouttés **3**

30 ml jus de citron **2 c. à table**

1 pincée de piment de Cayenne **1**

2 ml poivre noir concassé **1/2 c. à thé**

60 ml huile d'olive **1/4 tasse**

MÉTHODE

1 Mettre tous les ingrédients dans un robot
culinaire et réduire en purée en mélangeant de
3 à 5 minutes. Réserver au réfrigérateur.

2 Préparée 2 jours à l'avance, la tapenade est
encore meilleure ; vous pouvez la garder
facilement 2 semaines au réfrigérateur.

Huile de crustacés

Donne **1 L ou 4 tasses**

INGRÉDIENTS

1 L huile d'olive **4 tasses**

1 kg carapaces de crustacés **2 lb**
(homard, crevette, etc.)

2 gousses d'ail **2**

1 pincée de flocons de piment fort **1**

15 ml paprika **1 c. à table**

2 ml thym séché **1/2 c. à thé**

2 ml grains de poivre noir entiers **1/2 c. à thé**

2 feuilles de laurier **2**

MÉTHODE

1   Dans une casserole, faire chauffer à feu vif
30 ml (2 c. à table) d'huile d'olive. Ajouter les
carapaces et cuire de 3 à 5 minutes ou jusqu'à
ce qu'elles deviennent bien rouges.

2   Ajouter l'ail, les épices et le reste de l'huile.
Réduire à feu doux et laisser mijoter à
découvert pendant 15 minutes.

3   Retirer du feu, laisser refroidir et filtrer
au chinois. Réserver au réfrigérateur.

4   Sortir l'huile de crustacés du réfrigérateur
1 heure avant de l'utiliser.

Fumet de poisson

Donne **2 L ou 8 tasses**

INGRÉDIENTS

2 kg arêtes et parures de poissons à chair blanche **4 lb**
(merlan, lotte, turbot, etc.)

1 oignon de grosseur moyenne, **1**
coupé grossièrement

1 grosse carotte, coupée grossièrement **1**

3 branches de céleri de grosseur moyenne, **3**
coupées grossièrement

125 ml champignons blancs émincés **1/2 tasse**

4 gousses d'ail **4**

10 ml graines de fenouil **2 c. à thé**

10 ml graines de coriandre **2 c. à thé**

2 ml grains de poivre blanc entiers **1/2 c. à thé**

5 ml thym séché **1 c. à thé**

5 ml estragon séché **1 c. à thé**

3 feuilles de laurier **3**

2,5 L eau froide **10 tasses**

250 ml vin blanc sec **1 tasse**

MÉTHODE

1   Déposer tous les ingrédients dans une grande
marmite. Amener à ébullition.

2   Réduire à feu très doux et enlever l'écume qui
se forme à la surface du fumet à l'aide d'une
écumoire. Laisser cuire pendant 20 minutes.

3   Passer au chinois et laisser refroidir.

4   Conserver au réfrigérateur jusqu'à 4 jours.

Entrées froides

Brandade de morue

4 à 6 portions

INGRÉDIENTS

1 kg morue salée **2 lb**
60 ml huile d'olive **1/4 tasse**
250 ml crème à 35 % **1 tasse**
2 ml poivre blanc moulu **1/2 c. à thé**
1 pincée de piment de Cayenne **1**
60 ml aneth frais, haché **1/4 tasse**
250 ml aïoli **1 tasse**
sel au goût

Aïoli (Donne 500 ml ou 2 tasses)
375 ml mayonnaise **1 1/2 tasse**
125 ml yogourt nature **1/2 tasse**
30 ml moutarde de Dijon **2 c. à table**
30 ml jus de citron **2 c. à table**
3 gousses d'ail hachées **3**
1 pincée de piment de Cayenne **1**
sel et poivre au goût

MÉTHODE

1 Faire dessaler la morue pendant 12 heures en la déposant dans un grand bol, la couvrir d'eau froide et changer l'eau plusieurs fois (6 à 8 fois).

2 Retirer la morue de l'eau et la couper en morceaux de grosseur moyenne. Faire pocher à feu très doux dans l'eau chaude de 6 à 8 minutes.

3 Bien égoutter, enlever la peau et les arêtes, puis effilocher la chair de morue, réserver à la température ambiante.

4 Dans une grande casserole, chauffer l'huile d'olive à feu vif. Ajouter la morue effilochée et réduire à feu doux. À l'aide d'une cuillère de bois, brasser le tout jusqu'à l'obtention d'une pâte fine.

5 Ajouter la crème, le poivre et le piment de Cayenne, bien mélanger et laisser mijoter de 2 à 3 minutes à feu très doux. Retirer du feu. Vérifier l'assaisonnement, laisser refroidir, ajouter l'aneth et mélanger.

6 Déposer la brandade dans un plat creux, couvrir d'une pellicule de plastique et réfrigérer pendant 12 heures.

AÏOLI

1 Dans un bol de grandeur moyenne, fouetter tous les ingrédients, vérifier l'assaisonnement.

2 Réserver et conserver au réfrigérateur.

3 Servir la brandade chaude, accompagnée d'aïoli et de croûtons de pain frits dans l'huile.

Turbot en ceviche

4 à 6 portions

INGRÉDIENTS

750 g filets de turbot frais, **1 1/2 lb**
coupés en cubes de 1 cm (1/2 po)

125 ml oignon rouge émincé **1/2 tasse**

125 ml poivrons mélangés **1/2 tasse**
(rouge, vert, orange, etc.), émincés

1 gousse d'ail hachée **1**

5 ml piment Jalapeño (facultatif) **1 c. à thé**

125 ml jus de lime **1/2 tasse**

125 ml jus de citron **1/2 tasse**

2 ml sel **1/2 c. à thé**

poivre du moulin

60 ml coriandre fraîche, hachée **1/4 tasse**

60 ml persil frais, haché **1/4 tasse**

60 ml huile d'olive **1/4 tasse**

MÉTHODE

1 Déposer tous les ingrédients sauf le persil, la coriandre et l'huile dans un grand bol. Bien mélanger, couvrir d'une pellicule de plastique et laisser mariner au réfrigérateur de 5 à 10 minutes ou jusqu'à ce que le poisson ait légèrement blanchi.

2 Ajouter la coriandre et le persil, bien mélanger et servir.

3 Arroser d'un filet d'huile d'olive.

Millefeuilles à l'esturgeon fumé

4 à 6 portions

bon en entrée
esturgeon + épais utilisé

INGRÉDIENTS

20 feuilles de pâte phyllo **20**

125 ml beurre fondu **1/2 tasse**

250 ml crème sure **1 tasse**

60 ml persil frais, haché **1/4 tasse**

60 ml estragon frais, haché **1/4 tasse**

60 ml cerfeuil frais, haché **1/4 tasse**

60 ml ciboulette fraîche, hachée **1/4 tasse**

1 pincée piment de Cayenne **1**

sel et poivre du moulin

125 ml crème à 35 % **1/2 tasse**

15 ml jus de citron **1 c. à table**

2 ml moutarde de Dijon **1/2 c. à thé**

500 g esturgeon fumé, coupé en tranches **1 lb**

MÉTHODE

1 Préchauffer le four à 190 ºC (375 ºF).

2 Couper les feuilles de pâte phyllo en quatre parties égales. Badigeonner chacune d'elles de beurre fondu et les superposer de façon que les pointes se rejoignent.

3 Découper un cercle de 8 cm (3 po) de diamètre dans les feuilles de pâte superposées. Répéter l'opération pour chacune des feuilles de pâte phyllo.

4 Déposer les cercles de pâte phyllo sur une plaque de cuisson et cuire au four de 10 à 15 minutes ou jusqu'à ce qu'elles soient dorées.

5 Retirer du four et laisser refroidir. Réserver à la température ambiante.

6 Dans un grand bol, bien mélanger la crème sure et les herbes, assaisonner et réserver au réfrigérateur.

7 Pour la sauce, fouetter dans un bol la crème à 35 %, le jus de citron et la moutarde, saler et poivrer, puis conserver au réfrigérateur.

8 Pour monter les millefeuilles, déposer un cercle de pâte phyllo sur une surface de travail, tartiner de la crème sure aux herbes, couvrir des tranches d'esturgeon et déposer un autre cercle de pâte phyllo par-dessus. Répéter l'opération deux fois.

9 Disposer les millefeuilles dans les assiettes et entourer de sauce.

Escabèche de sardines

4 à 6 portions

INGRÉDIENTS

500 ml huile d'olive **2 tasses**

1 kg sardines fraîches, vidées et nettoyées **2 lb**

4 carottes de grosseur moyenne, **4**
coupées en rondelles de 1/2 cm (1/4 po)

4 oignons de grosseur moyenne, émincés **4**

3 gousses d'ail **3**

2 ml thym séché **1/2 c. à thé**

2 ml romarin séché **1/2 c. à thé**

4 feuilles de laurier **4**

1 pincée de flocons de piment fort **1**

2 ml grains de poivre noir entiers **1/2 c. à thé**

1 pincée de sel **1**

250 ml vinaigre de vin blanc **1 tasse**

125 ml eau **1/2 tasse**

MÉTHODE

1 Dans une grande poêle, chauffer 250 ml (1 tasse)
d'huile d'olive à feu vif et y saisir les sardines
de 1 à 2 minutes de chaque côté. Retirer du feu.

2 Placer les sardines dans un plat creux et réserver
à la température ambiante.

3 Récupérer l'huile de cuisson dans une marmite
de grosseur moyenne. Ajouter les légumes et
les épices et cuire à feu moyen de 3 à 5 minutes.

4 Verser le vinaigre, l'eau et l'huile restante, puis
laisser bouillir 15 minutes. Verser sur les
sardines et laisser refroidir.

5 Garder les sardines au réfrigérateur pendant
24 heures avant de les manger.

Sashimi de daurade

4 à 6 portions

INGRÉDIENTS

500 g filets de daurade nettoyés **1 lb**

60 ml huile végétale **1/4 tasse**

15 ml huile de sésame **1 c. à table**

30 ml vinaigre de riz **2 c. à table**

30 ml jus de citron **2 c. à table**

30 ml gingembre frais, émincé **2 c. à table**

sel et poivre au goût

500 ml daïkons émincés **2 tasses**

60 ml oignons verts émincés **1/4 tasse**

30 ml graines de sésame noir **2 c. à table**

MÉTHODE

1 Couper les filets de daurade en très fines
lamelles et les déposer autour des assiettes.

2 Dans un grand bol, préparer la vinaigrette
en fouettant tous les ingrédients liquides.
Réserver 1/3 de la vinaigrette.

3 Assaisonner, ajouter les légumes et bien mélanger.

4 Disposer les légumes au centre des assiettes et
arroser les filets de daurade avec le restant de
la vinaigrette. Garnir de graines de sésame.

Moules et salsa verde

très bon

4 à 6 portions

INGRÉDIENTS

15 ml huile d'olive **1 c. à table**

125 ml céleri haché **1/2 tasse**

125 ml oignon haché **1/2 tasse**

1 poireau haché, la partie blanche seulement **1**

2 ml graines de coriandre **1/2 c. à thé**

1 ml grains de poivre blanc entiers **1/4 c. à thé**

1 ml thym séché **1/4 c. à thé**

2 feuilles de laurier **2**

1,5 kg moules **3 lb**

60 ml vin blanc **1/4 tasse**

60 ml jus de cuisson des moules **1/4 tasse**

250 ml salsa verde **1 tasse**

125 ml ciboulette **1/2 tasse**

Salsa verde (Donne 500 ml ou 2 tasses)

250 ml persil frais **1 tasse**

trop grande quantité

60 ml coriandre fraîche **1/4 tasse**

60 ml aneth frais **1/4 tasse**

60 ml câpres **1/4 tasse**

60 ml oignon vert **1/4 tasse**

2 gousses d'ail **2**

30 ml jus de citron **2 c. à table**

15 ml moutarde de Dijon **1 c. à table**

1 ml sel **1/4 c. à thé**

poivre du moulin

1 pincée de piment de Cayenne **1**

125 ml huile d'olive **1/2 tasse**

MÉTHODE

MOULES

1 Dans une grande marmite, chauffer l'huile d'olive à feu moyen et y faire suer les légumes et les épices de 3 à 5 minutes, à découvert.

2 Ajouter les moules et le vin blanc, couvrir et cuire de 3 à 5 minutes jusqu'à ce que les moules soient ouvertes.

3 Décoquiller les moules, les mettre dans un bol et couvrir de jus de cuisson passé au tamis. Réserver au réfrigérateur. Garder la moitié des coquilles pour le service.

4 Au moment de servir, bien égoutter les moules et les mettre dans un grand bol.

5 Ajouter 60 ml (1/4 tasse) de jus de cuisson des moules et 250 ml (1 tasse) de salsa verde. Mélanger délicatement et garnir les coquilles de ce mélange.

6 Disposer les moules dans les assiettes et décorer de ciboulette.

SALSA VERDE

1 Mettre tous les ingrédients dans un robot culinaire et réduire en purée en mélangeant de 3 à 5 minutes.

2 Réserver au réfrigérateur.

Roulades de saumon fumé aux endives

4 à 6 portions

INGRÉDIENTS

180 ml huile végétale **3/4 tasse**

45 ml huile de sésame **3 c. à table**

15 ml vinaigre de riz **1 c. à table**

30 ml sauce soja **2 c. à table**

sel et poivre au goût

500 g endives coupées en julienne **1 lb**

500 g saumon fumé coupé en tranches **1 lb**

30 ml graines de sésame (décoration) **2 c. à table**

MÉTHODE

1 Dans un bol, préparer la vinaigrette en fouettant tous les ingrédients liquides ensemble. Assaisonner et réserver au réfrigérateur.

2 Dans un grand bol, mélanger la julienne d'endives avec la moitié de la vinaigrette.

3 Déposer les tranches de saumon à plat sur une surface de travail. Répartir les endives au centre des tranches de saumon en laissant dépasser 2,5 cm (1 po) de chaque côté. Enrouler le saumon autour des endives et couper au milieu.

4 Parsemer les assiettes des roulades de saumon fumé et arroser du reste de la vinaigrette.

5 Saupoudrer de graines de sésame.

Gravlax et moutarde à l'ancienne

4 à 6 portions

INGRÉDIENTS

750 g filet de saumon avec la peau **1 1/2 lb**

60 ml gros sel **1/4 tasse**

60 ml sucre **1/4 tasse**

30 ml poivre noir concassé **2 c. à table**

250 ml aneth frais, haché **1 tasse**

1 citron de grosseur moyenne, coupé en tranches **1**

250 ml moutarde à l'ancienne **1 tasse**

Moutarde à l'ancienne
(Donne 500 ml ou 2 tasses)

1 oignon de grosseur moyenne, haché **1**

1 gousse d'ail **1**

30 ml vinaigre balsamique **2 c. à table**

125 ml moutarde à l'ancienne (de Meaux) **1/2 tasse**

15 ml jus de citron **1 c. à table**

15 ml sauce Worcestershire **1 c. à table**

1 ml poivre noir moulu **1/4 c. à thé**

5 ml estragon séché **1 c. à thé**

250 ml huile d'olive **1 tasse**

MÉTHODE

GRAVLAX

1   Déposer le filet de saumon au centre d'une feuille de papier d'aluminium, la peau vers le bas. Saupoudrer la chair du sel, du sucre et du poivre. Couvrir le tout de l'aneth et du citron, fermer le papier d'aluminium fermement contre le saumon et déposer dans un plat creux.

2   Couvrir d'une planche et mettre un poids de 1 kg (2 lb), au maximum, par-dessus. Réfrigérer pendant 24 heures.

3   Enlever l'aneth et le citron.

4   Bien essuyer le saumon et le servir coupé en fines tranches et accompagné de la moutarde à l'ancienne.

MOUTARDE À L'ANCIENNE

1   Verser tous les ingrédients dans un bol et passer au mélangeur ou au robot culinaire jusqu'à ce que la moutarde ait une consistance crémeuse.

2   Réserver au réfrigérateur.

Entrées chaudes

Pétoncles aux concombres confits

4 à 6 portions

INGRÉDIENTS

15 ml huile d'olive **1 c. à table**

15 ml beurre non salé **1 c. à table**

500 g gros pétoncles frais **1 lb**

sel et poivre du moulin

500 g concombres confits **1 lb**

Concombres confits (Donne 500 g ou 1 lb)

5 concombres de grosseur moyenne **5**

60 ml gros sel **1/4 tasse**

125 ml huile d'olive **1/2 tasse**

30 ml vinaigre balsamique **2 c. à table**

60 ml aneth frais, haché **1/4 tasse**

sel et poivre du moulin

MÉTHODE

PÉTONCLES

1 Dans une grande poêle, chauffer l'huile d'olive à feu vif. Ajouter le beurre et y saisir les pétoncles pendant 1 minute de chaque côté. Il ne faut pas trop les cuire. Saler et poivrer.

2 Retirer les pétoncles de la poêle et les déposer dans les assiettes, accompagnés de concombres confits tièdes.

CONCOMBRES CONFITS

1 Peler les concombres et les couper en deux sur la longueur. À l'aide d'une petite cuillère, retirer l'intérieur et les couper en demi-lune de 1 cm (1/2 po) d'épaisseur.

2 Déposer les concombres dans un bol, saupoudrer de gros sel et bien mélanger. Laisser reposer pendant 30 minutes. Rincer à l'eau froide, bien égoutter et éponger sur des essuie-tout.

3 Dans une casserole d'une capacité de 2 L (8 tasses), chauffer l'huile d'olive à feu doux. Ajouter les concombres et laisser cuire tout doucement, à découvert, de 10 à 15 minutes ou jusqu'à ce qu'ils soient confits. Retirer du feu.

4 Ajouter le vinaigre balsamique et l'aneth, assaisonner et laisser tiédir avant de servir. Réserver et conserver au réfrigérateur.

Cuisses de grenouilles aux champignons

4 à 6 portions

INGRÉDIENTS

30 ml huile d'olive **2 c. à table**

4 douzaines de petites cuisses de grenouilles marinées **4**

500 g champignons mélangés **1 lb**

(*shiitake*, pleurotes et *portobello*), émincés

2 gousses d'ail hachées **2**

1 pincée de piment de Cayenne **1**

sel et poivre du moulin

30 ml vin blanc **2 c. à table**

180 ml crème à 35 % **3/4 tasse**

60 ml beurre non salé **1/4 tasse**

60 ml persil frais, haché **1/4 tasse**

Marinade pour les cuisses de grenouilles

INGRÉDIENTS

30 ml huile d'olive **2 c. à table**

5 ml huile de sésame **1 c. à thé**

15 ml sauce soja **1 c. à table**

5 ml sauce Worcestershire **1 c. à thé**

5 ml sauce aux huîtres **1 c. à thé**

5 ml sauce hoisin **1 c. à thé**

2 ml paprika **1/2 c. à thé**

2 ml coriandre moulue **1/2 c. à thé**

2 gousses d'ail hachées **2**

1 pincée de piment de Cayenne **1**

sel et poivre du moulin

MÉTHODE

1 Dans une grande poêle, chauffer la moitié de l'huile d'olive à feu vif. Y faire sauter les cuisses de grenouilles pendant 2 minutes.

2 Réduire à feu moyen et continuer la cuisson de 3 à 4 minutes ou jusqu'à ce que la viande se détache facilement de l'os. Retirer les cuisses de grenouilles de la poêle et garder au chaud.

3 Dans la même poêle, ajouter le reste de l'huile d'olive et y faire sauter les champignons, l'ail et les épices de 2 à 3 minutes.

4 Déglacer avec le vin et ajouter la crème. Amener à ébullition à feu vif et laisser réduire pendant 1 minute.

5 Retirer du feu et incorporer le beurre peu à peu en mélangeant doucement.

6 Déposer les champignons sautés au centre des assiettes, disposer les cuisses de grenouilles autour et napper de sauce.

MARINADE POUR LES CUISSES DE GRENOUILLES

1 Dans un grand bol, fouetter ensemble tous les ingrédients de la marinade.

2 Incorporer les cuisses de grenouilles et mélanger délicatement. Laisser mariner au réfrigérateur pendant 2 heures.

Huîtres tièdes aux poireaux

4 à 6 portions

36 huîtres fraîches **36**

15 ml beurre non salé **1 c. à table**

3 poireaux lavés et hachés finement **3**
(partie blanche seulement)

1 gousse d'ail hachée **1**

1 pincée de thym séché **1**

1 pincée de piment de Cayenne **1**
poivre du moulin

60 ml crème à 35 % **1/4 tasse**

60 ml ciboulette (garniture) **1/4 tasse**

MÉTHODE

1 Ouvrir les huîtres et les mettre dans une casserole avec leur eau. Passer au tamis. Réserver et conserver au réfrigérateur. Garder les coquilles pour le service.

2 Dans un poêlon de grandeur moyenne, faire fondre le beurre à feu moyen et y cuire les poireaux, l'ail et les épices de 3 à 5 minutes.

3 Verser la crème et continuer de cuire de 2 à 3 minutes.

4 Mettre dans un robot culinaire et réduire en purée. Réserver au chaud.

5 Faire tiédir les huîtres pendant 30 secondes à feu doux.

6 Répartir la purée de poireaux dans les coquilles et déposer les huîtres bien égouttées dessus.

7 Garnir de ciboulette hachée.

Quesadilla aux crevettes

4 à 6 portions

INGRÉDIENTS

12 tortillas de blé de 20 cm (8 po) de diamètre **12**

500 g mozzarella râpée **1 lb**

500 g petites crevettes, cuites et décortiquées **1 lb**

250 ml poivrons mélangés (rouge, vert, orange, etc.) émincés **1 tasse**

125 ml oignons verts émincés **1/2 tasse**

500 ml salsa froide **2 tasses**

250 ml crème sure **1 tasse**

Salsa (Donne 1 L ou 4 tasses)

1 boîte de tomates italiennes (796 ml/28 oz) **1**

3 gousses d'ail **3**

1 petit piment Jalapeño (facultatif), haché **1**

15 ml sauce Worcestershire **1 c. à table**

30 ml jus de lime **2 c. à table**

125 ml coriandre fraîche, hachée **1/2 tasse**

125 ml oignon haché **1/2 tasse**

125 ml poivron vert haché **1/2 tasse**

10 ml cumin moulu **2 c. à thé**

5 ml chili mexicain **1 c. à thé**

1 pincée de sucre **1**

sel et poivre du moulin

MÉTHODE

QUESADILLA

1 Déposer la moitié des tortillas à plat sur une surface de travail. Couvrir les tortillas de la moitié du fromage râpé.

2 Dans un grand bol, mélanger les crevettes, les poivrons et les oignons verts. Répartir le tout sur les tortillas.

3 Parsemer les tortillas du restant de fromage râpé et couvrir de l'autre moitié des tortillas. Réserver et garder au réfrigérateur.

4 Au moment de servir, chauffer à feu doux une poêle à surface antiadhésive sans aucune matière grasse. Déposer la quesadilla et laisser cuire de 2 à 3 minutes de chaque côté. Retirer de la poêle et couper en 6 morceaux.

5 Servir chaud, accompagné de salsa froide et de crème sure.

SALSA

1 Mettre tous les ingrédients dans un robot culinaire et réduire en purée en mélangeant de 3 à 5 minutes. Réserver au réfrigérateur.

Crabe au gratin

4 à 6 portions

INGRÉDIENTS

500 ml mie de pain blanc **2 tasses**

250 ml lait **1 tasse**

30 ml huile d'olive **2 c. à table**

1 oignon de grosseur moyenne, émincé **1**

2 gousses d'ail hachées **2**

10 ml paprika **2 c. à thé**

2 ml thym séché **1/2 c. à thé**

1 pincée de piment de Cayenne **1**

750 g chair de crabe cuite et émiettée **1 1/2 lb**

250 ml fumet de poisson **1 tasse**

60 ml beurre non salé, coupé en morceaux **1/4 tasse**

60 ml persil frais, haché **1/4 tasse**

sel et poivre du moulin

125 ml parmesan râpé **1/2 tasse**

MÉTHODE

1 Dans un bol, faire tremper la mie de pain dans le lait pendant 30 minutes. Égoutter et bien presser. Réserver et garder au réfrigérateur.

2 Dans une grande poêle, chauffer l'huile d'olive à feu moyen et y cuire l'oignon, l'ail et les épices de 2 à 3 minutes.

3 Ajouter la mie de pain, la chair de crabe et le fumet de poisson. Amener à ébullition et fermer le feu. Incorporer le beurre et le persil.

4 Assaisonner et mélanger délicatement.

5 Répartir le mélange dans les assiettes ou dans des carapaces de crabe, parsemer de parmesan et faire gratiner sous le gril préchauffé du four de 3 à 5 minutes ou jusqu'à ce que le gratin soit bien doré.

6 Servir très chaud.

Salades composées

Rollmops et pommes de terre grelots à l'aquavit

4 à 6 portions

250 g lardons coupés en julienne **1/2 lb**

1 kg pommes de terre grelots cuites *al dente* **2 lb**

125 ml oignon rouge émincé **1/2 tasse**

60 ml poivron rouge émincé **1/4 tasse**

60 ml poivron vert émincé **1/4 tasse**

2 gousses d'ail hachées **2**

2 ml graines de fenouil écrasées **1/2 c. à thé**

2 ml graines de cumin écrasées **1/2 c. à thé**

1 pincée de piment de Cayenne **1**

sel et poivre du moulin

250 ml vinaigrette à l'aquavit **1 tasse**

750 g rollmops* égouttés **1 1/2 lb**

60 ml persil frais, haché **1/4 tasse**

Vinaigrette à l'aquavit (Donne 250 ml ou 1 tasse.)

15 ml aquavit **1 c. à table**

30 ml jus de citron **2 c. à table**

30 ml jus d'orange **2 c. à table**

60 ml huile d'olive **1/4 tasse**

125 ml huile végétale **1/2 tasse**

2 ml moutarde de Dijon **1/2 c. à thé**

2 ml graines de cumin moulues **1/2 c. à thé**

2 ml graines de fenouil moulues **1/2 c. à thé**

1/2 gousse d'ail hachée **1/2**

1 pincée de piment de Cayenne **1**

sel et poivre du moulin

1 Faire chauffer un grand poêlon à surface antiadhésive à feu moyen. Ajouter les lardons et les faire cuire jusqu'à ce qu'ils soient dorés. Enlever de la graisse pour n'en garder dans le poêlon que l'équivalent de 15 ml (1 c. à table).

2 Couper les pommes de terre grelots en deux et les déposer dans le poêlon. Laisser dorer de 3 à 5 minutes.

3 Ajouter l'oignon rouge, les poivrons, l'ail et les épices. Saler et poivrer et continuer à cuire, 2 à 3 minutes.

4 Retirer du feu et déposer le mélange au centre des assiettes. Placer les rollmops sur le pourtour.

5 Arroser de la vinaigrette à la température ambiante.

6 Garnir de persil frais.

VINAIGRETTE À L'AQUAVIT

1 Déposer tous les ingrédients dans un bol et bien mélanger à l'aide d'un fouet. Réserver et conserver au réfrigérateur.

* Filets de hareng marinés, enroulés sur un cornichon ou de l'oignon et présentés dans une sauce aux aromates.

Filets de truite au fromage bleu

4 à 6 portions

INGRÉDIENTS

15 ml huile d'olive **1 c. à table**
750 g filets de truite, nettoyés, sans leur peau **1 1/2 lb**
250 g fromage bleu émietté **1/2 lb**
poivre du moulin

Salade de cresson
750 ml cresson haché grossièrement **3 tasses**
60 ml poivron rouge coupé en julienne **1/4 tasse**
60 ml oignon rouge coupé en julienne **1/4 tasse**
60 ml carottes coupées en julienne **1/4 tasse**
250 ml vinaigrette au sésame **1 tasse**

Vinaigrette au sésame (Donne 250 ml ou 1 tasse)
160 ml huile végétale **2/3 tasse**
30 ml huile de sésame **2 c. à table**
60 ml vinaigre de riz **1/4 tasse**
10 ml sucre **2 c. à thé**
sel et poivre du moulin

MÉTHODE

FILETS DE TRUITE AU FROMAGE BLEU

1 Préchauffer le four à 230 °C (450 °F).

2 Dans une grande poêle à surface antiadhésive, chauffer l'huile d'olive à feu vif et y saisir les filets de truite 1 minute de chaque côté.

3 Retirer du feu et déposer les filets dans un plat allant au four.

4 Parsemer de fromage bleu, poivrer et mettre au four de 1 à 2 minutes. Retirer du four et servir aussitôt sur un nid de salade de cresson.

SALADE DE CRESSON

1 Déposer dans un saladier le cresson et les légumes coupés en julienne.

2 Verser la vinaigrette au sésame. Bien mélanger et servir.

VINAIGRETTE AU SÉSAME

1 Dans un bol, préparer la vinaigrette en fouettant tous les ingrédients ensemble. Réserver et conserver au réfrigérateur.

INGRÉDIENTS

15 ml huile d'olive **1 c. à table**

60 ml céleri haché grossièrement **1/4 tasse**

125 ml oignon haché grossièrement **1/2 tasse**

1 poireau haché (partie blanche seulement) **1**

1 ml graines de coriandre **1/4 c. à thé**

1 ml graines de fenouil **1/4 c. à thé**

1 pincée de thym séché **1**

2 feuilles de laurier **2**

10 ml cari **2 c. à thé**

sel et poivre du moulin

1 kg moules **2 lb**

60 ml lait de coco **1/4 tasse**

60 ml crème à 35 % **1/4 tasse**

250 ml farine **1 tasse**

30 ml cari **2 c. à table**

15 ml paprika **1 c. à table**

10 ml poudre d'ail **2 c. à thé**

1 pincée de piment de Cayenne **1**

2 ml sel **1/2 c. à thé**

poivre du moulin

500 ml huile végétale **2 tasses**

30 ml ciboulette **2 c. à table**

Salade de chou

1 kg chou frisé, coupé en julienne **2 lb**

2 carottes de grosseur moyenne, coupées en julienne **2**

375 ml mayonnaise au cari **1 1/2 tasse**

Mayonnaise au cari (Donne 500 ml ou 2 tasses)

250 ml mayonnaise nature **1 tasse**

125 ml yogourt nature à 0,1 % m.g. **1/2 tasse**

125 ml crème sure **1/2 tasse**

30 ml jus d'orange **2 c. à table**

jus de cuisson des moules réduit, froid

10 ml cari **2 c. à thé**

5 ml paprika **1 c. à thé**

2 ml moutarde de Dijon **1/2 c. à thé**

1 pincée de piment de Cayenne **1**

sel et poivre du moulin

Moules au cari et salade de chou frisé

M É T H O D E　　　　　**4 à 6** portions

1 Dans une grande marmite, chauffer l'huile d'olive à feu moyen. Y faire suer les légumes et les épices de 3 à 5 minutes, à découvert.

2 Ajouter les moules, le lait de coco et la crème. Assaisonner, couvrir et cuire de 3 à 5 minutes jusqu'à ce que les moules soient ouvertes.

3 Décoquiller les moules et les mettre dans un grand bol avec la moitié du jus de cuisson passé au tamis. Réserver et conserver au réfrigérateur.

4 Dans une petite casserole, mettre à bouillir l'autre moitié du jus de cuisson et laisser réduire pendant 1 minute. Retirer du feu et laisser refroidir. Réserver et garder au réfrigérateur.

5 Dans un bol de grandeur moyenne, bien mélanger la farine et les épices.

6 Bien égoutter les moules et les faire rouler dans le bol de farine. Secouer pour enlever l'excédent de farine. Faire chauffer l'huile dans une poêle jusqu'à ce qu'elle soit très chaude (180 °C / 350 °F). Y plonger les moules, quelques-unes à la fois, de 1 à 2 minutes.

7 Bien égoutter les moules sur des essuie-tout et servir aussitôt avec la salade de chou et le reste de la mayonnaise au cari.

8 Décorer de ciboulette.

SALADE DE CHOU

1 Mettre dans un saladier le chou et les carottes.

2 Ajouter 250 ml (1 tasse) de mayonnaise au cari. Bien mélanger et laisser reposer au réfrigérateur pendant 1 heure.

MAYONNAISE AU CARI

1 À l'aide d'un fouet, mélanger tous les ingrédients de la mayonnaise. Réserver au réfrigérateur.

Croquettes de crabe et de maïs

4 à 6 portions

INGRÉDIENTS

500 g chair de crabe cuite, émiettée **1 lb**

250 ml maïs en grains cuit **1 tasse**

125 ml poivron rouge émincé **1/2 tasse**

2 gousses d'ail hachées **2**

5 ml sauce Worcestershire **1 c. à thé**

60 ml oignon vert émincé **1/4 tasse**

60 ml coriandre fraîche, hachée **1/4 tasse**

2 ml chili mexicain **1/2 c. à thé**

1 pincée de piment de Cayenne **1**

125 ml chapelure **1/2 tasse**

2 œufs **2**

sel et poivre du moulin

30 ml huile d'olive **2 c. à table**

250 g jeunes feuilles d'épinards **1/2 lb**

375 ml coulis aux tomates séchées **1 1/2 tasse**

Coulis aux tomates séchées (Donne 500 ml ou 2 tasses)

60 ml tomates séchées hydratées dans l'huile, **1/4 tasse**
égouttées et hachées grossièrement

5 ml paprika **1 c. à thé**

2 ml chili mexicain **1/2 c. à thé**

15 ml jus de citron **1 c. à table**

2 gousses d'ail hachées **2**

250 ml mayonnaise nature **1 tasse**

250 ml yogourt nature **1 tasse**

1 pincée de piment de Cayenne **1**

sel et poivre du moulin

MÉTHODE

1 Dans une grand bol, bien mélanger la chair de crabe, le maïs, le poivron, l'ail, la sauce Worcestershire, l'oignon vert, la coriandre, le chili et le piment de Cayenne. Ajouter la chapelure et les œufs, saler et poivrer.

2 Façonner la préparation en croquettes de 2 cm (3/4 po) d'épaisseur chacune. Réserver et garder au réfrigérateur.

3 Dans une grande poêle, chauffer l'huile d'olive à feu moyen et y faire dorer les croquettes de 2 à 3 minutes de chaque côté.

4 Retirer les croquettes de la poêle, égoutter sur des essuie-tout et servir très chaudes, accompagnées de feuilles d'épinards et de coulis aux tomates séchées.

COULIS AUX TOMATES SÉCHÉES

1 Verser tous les ingrédients du coulis dans un bol et passer au mélangeur ou au robot culinaire jusqu'à ce que la préparation ait une consistance crémeuse. Réserver et conserver au réfrigérateur. Pour un coulis moins épais, ajouter un peu d'eau froide.

Terrine de poisson aux petits légumes

4 à 6 portions

INGRÉDIENTS

750 g chair de poisson blanche, sans arêtes **1 1/2 lb**

180 ml crème à 35 % **3/4 tasse**

2 blancs d'œufs **2**

15 ml huile d'olive **1 c. à table**

60 ml carottes émincées **1/4 tasse**

60 ml poivrons rouges émincés **1/4 tasse**

1 poireau lavé et émincé (partie blanche seulement) **1**

1 gousse d'ail hachée **1**

2 ml thym séché **1/2 c. à thé**

5 ml estragon séché **1 c. à thé**

1 ml poivre blanc moulu **1/4 c. à thé**

1 pincée de piment de Cayenne **1**

sel au goût

500 ml radicchio émincé **2 tasses**

250 ml vinaigrette au citron **1 tasse**

Vinaigrette au citron (Donne 250 ml ou 1 tasse)

60 ml jus de citron **1/4 tasse**

60 ml huile d'olive **1/4 tasse**

125 ml huile végétale **1/2 tasse**

1 ml moutarde de Dijon **1/4 c. à thé**

1 ml basilic séché **1/4 c. à thé**

1 gousse d'ail hachée **1**

1 ml origan séché **1/4 c. à thé**

1 pincée de piment de Cayenne **1**

sel et poivre du moulin

MÉTHODE

1 Préchauffer le four à 180 °C (350 °F).

2 Passer la chair de poisson, la crème à 35 % et les blancs d'œufs au robot culinaire pour former une pâte homogène. Réfrigérer.

3 Dans une poêle, chauffer l'huile d'olive à feu moyen et y faire suer les légumes et les épices de 3 à 5 minutes. Assaisonner et laisser refroidir.

4 Dans un grand bol, mélanger délicatement la pâte de poisson et les légumes.

5 Tapisser un moule rectangulaire de 25 cm x 16 cm (10 po x 6 po) d'une double épaisseur de pellicule de plastique. Verser le mélange et cuire au four préchauffé à 180 °C (350 °F) dans un bain-marie pendant 45 minutes. Laisser refroidir avant de démouler.

6 Servir sur des feuilles de radicchio émincées et arroser de vinaigrette au citron.

VINAIGRETTE AU CITRON

1 Dans un bol, fouetter tous les ingrédients. Réserver et conserver au réfrigérateur.

Salade de crevettes chaudes, de radis et de concombres

4 à 6 portions

INGRÉDIENTS

45 ml huile d'olive **3 c. à table**

15 ml jus de citron **1 c. à table**

1 gousse d'ail degermée, hachée **1**

1 ml thym séché **1/4 c. à thé**

2 ml basilic séché **1/2 c. à thé**

2 ml chili mexicain **1/2 c. à thé**

2 ml coriandre en poudre **1/2 c. à thé**

1 pincée de piment de Cayenne **1**

sel et poivre du moulin

750 g grosses crevettes **1 1/2 lb**

3 concombres anglais de grosseur moyenne, émincés **3**

15 petits radis rouges, émincés **15**

250 ml vinaigrette aux graines de pavot **1 tasse**

Vinaigrette aux graines de pavot
(Donne 250 ml ou 1 tasse)

125 ml huile d'olive **1/2 tasse**

60 ml vinaigre de riz **1/4 tasse**

15 ml huile de sésame **1 c. à table**

15 ml jus de citron **1 c. à table**

15 ml graines de pavot **1 c. à table**

5 ml sucre **1 c. à thé**

sel et poivre du moulin

MÉTHODE

1 Dans un grand bol, mélanger 30 ml (2 c. à table) d'huile d'olive, le jus de citron, l'ail et les épices. Incorporer les crevettes et laisser macérer pendant 1 heure au réfrigérateur.

2 Dans une grande poêle, chauffer le reste d'huile d'olive à feu vif. Ajouter les crevettes et cuire de 2 à 3 minutes ou jusqu'à ce qu'elles soient cuites. Retirer de la poêle et garder au chaud.

3 Mettre dans un saladier les concombres et les radis.

4 Verser la moitié de la vinaigrette sur les légumes et bien mélanger. Servir aussitôt dans les assiettes.

5 Déposer les crevettes chaudes sur les légumes et arroser du reste de la vinaigrette.

VINAIGRETTE AUX GRAINES DE PAVOT

1 Dans une bol, fouetter tous les ingrédients, réserver et conserver au réfrigérateur.

Calmars marinés à la vietnamienne

4 à 6 portions

INGRÉDIENTS

1 kg petits calmars, nettoyés **2 lb**
10 ml huile de sésame **2 c. à thé**
45 ml huile d'olive **3 c. à table**
15 ml jus de lime **1 c. à table**
2 gousses d'ail hachées **2**
60 ml citronnelle fraîche, hachée **1/4 tasse**
10 ml sauce de poisson **2 c. à thé**
15 ml cari **1 c. à table**
1 pincée de piment de Cayenne **1**
sel et poivre du moulin

Salade
250 ml carottes émincées **1 tasse**
250 ml daïkons émincés **1 tasse**
250 ml laitue chinoise émincée **1 tasse**
250 ml nappa (chou chinois) **1 tasse**
250 ml vinaigrette à la vietnamienne **1 tasse**

Vinaigrette à la vietnamienne
(Donne 250 ml ou 1 tasse)
60 ml vinaigre de riz **1/4 tasse**
30 ml sauce de poisson **2 c. à table**
180 ml eau de coco au naturel **3/4 tasse**
1 gousse d'ail hachée **1**
1 ml pâte de piments frais **1/4 c. à thé**
5 ml sucre **1 c. à thé**
sel au goût

MÉTHODE

SALADE

1 Couper le corps et les tentacules des calmars en lanières d'environ 0,5 cm (1/4 po) de largeur. Garder quelques tentacules entiers pour la décoration.

2 Déposer le tout dans un grand bol, ajouter l'huile de sésame et 30 ml (2 c. à table) d'huile d'olive, le jus de lime, l'ail, la citronnelle, la sauce de poisson et les épices. Bien mélanger et laisser mariner pendant 1 heure au réfrigérateur.

3 Dans une grande poêle, chauffer le reste de l'huile d'olive à feu vif. Y faire sauter les calmars de 2 à 3 minutes. Il ne faut pas trop les cuire. Assaisonner, retirer de la poêle et garder au chaud.

4 Dans un bol, mélanger tous les ingrédients de la salade. Verser 2/3 de la vinaigrette à la vietnamienne sur les légumes. Bien mélanger et disposer au centre des assiettes.

5 Déposer les calmars sur le pourtour et garnir de tentacules entiers.

6 Arroser du reste de la vinaigrette.

VINAIGRETTE À LA VIETNAMIENNE

1 Dans un bol, fouetter tous les ingrédients de la vinaigrette. Réserver et conserver au réfrigérateur.

Pétoncles poêlés, fenouil rémoulade à l'orange

4 à 6 portions

INGRÉDIENTS

très bon mais assez épicé.

30 ml huile d'olive 2 c. à table
15 ml jus d'orange 1 c. à table
1 gousse d'ail hachée 1
1 ml thym séché 1/4 c. à thé
2 ml paprika 1/2 c. à thé
1 pincée de piment de Cayenne 1
500 g pétoncles de taille moyenne 1 lb
sel et poivre du moulin
375 ml mayonnaise à l'orange 1 1/2 tasse
4 bulbes de fenouil de grosseur moyenne 4

Mayonnaise à l'orange

moins de mayo dans le fenouil

(Donne 500 ml ou 2 tasses)

250 ml mayonnaise nature 1 tasse
125 ml yogourt nature à 0,1 m.g. 1/2 tasse
80 ml jus d'orange 1/3 tasse
5 ml moutarde de Dijon 1 c. à thé
30 ml moutarde en grains (de Meaux) 2 c. à table
1 gousse d'ail hachée 1
5 ml paprika 1 c. à thé
1 ml poivre blanc moulu 1/4 c. à thé
1 pincée de piment de Cayenne 1
sel au goût

MÉTHODE

1   Dans un grand bol, fouetter ensemble l'huile d'olive, le jus d'orange, l'ail et les épices. Ajouter les pétoncles, assaisonner et mélanger délicatement. Réfrigérer pendant 1 heure.

2   Dans une grande poêle à surface antiadhésive, saisir les pétoncles de 1 à 2 minutes de chaque côté sans trop les cuire. Retirer de la poêle et garder au chaud.

3   Verser 250 ml (1 tasse) de mayonnaise à l'orange dans un saladier.

4   À l'aide d'une mandoline ou d'un bon couteau aiguisé, émincer le fenouil très finement et le déposer tout de suite dans le saladier. Mélanger rapidement pour éviter l'oxydation. Servir le fenouil rémoulade dans les assiettes.

5   Déposer les pétoncles autour et décorer du reste de la mayonnaise.

MAYONNAISE À L'ORANGE

1   Dans un bol, bien mélanger tous les ingrédients de la mayonnaise. Réserver et conserver au réfrigérateur.

Saucisson aux fruits de mer

4 à 6 portions

INGRÉDIENTS

500 g chair de poisson blanche **1 lb**

2 blancs d'œufs **2**

125 ml crème à 35 % **1/2 tasse**

125 ml petites crevettes décortiquées **1/2 tasse**
et hachées grossièrement

125 ml pétoncles hachés grossièrement **1/2 tasse**

30 ml huile d'olive **2 c. à table**

2 carottes de grosseur moyenne, émincées **2**

1 poireau lavé et haché finement **1**
(partie blanche seulement)

125 ml poivron rouge émincé **1/2 tasse**

60 ml oignon vert émincé **1/4 tasse**

2 gousses d'ail hachées **2**

2 ml thym séché **1/2 c. à thé**

5 ml estragon séché **1 c. à thé**

1 ml poivre noir concassé **1/4 c. à thé**

1 pincée de piment de Cayenne **1**

sel

2 L eau **8 tasses**

500 g mesclun **1 lb**

250 ml vinaigrette à la lime et au tamari **1 tasse**

30 ml graines de sésame **2 c. à table**

Vinaigrette à la lime et au tamari

(Donne 250 ml ou 1 tasse)

180 ml huile d'olive **3/4 tasse**

15 ml huile de sésame **1 c. à table**

30 ml jus de lime **2 c. à table**

30 ml tamari **2 c. à table**

1 gousse d'ail hachée **1**

5 ml gingembre frais, haché **1 c. à thé**

MÉTHODE

1 Mettre la chair de poisson, les blancs d'œufs et la crème au robot culinaire et mélanger jusqu'à l'obtention d'une pâte homogène. Verser dans un grand bol. Ajouter les crevettes et les pétoncles, bien mélanger et réfrigérer.

2 Dans une grande poêle, chauffer 15 ml (1 c. à table) d'huile d'olive à feu vif et y faire sauter les carottes, le poireau et le poivron de 2 à 3 minutes. Ajouter l'oignon vert, l'ail et les épices. Assaisonner et poursuivre la cuisson à feu moyen de 2 à 3 minutes. Retirer du feu et laisser refroidir.

3 Incorporer le mélange délicatement à la pâte de poisson et de fruits de mer.

4 Couvrir une surface de travail d'une pellicule de plastique. À l'aide d'une poche à douilles, former des saucissons d'environ 3 cm (1 1/4 po) de diamètre et de 10 cm (4 po) de longueur. Envelopper chaque saucisson et bien attacher les extrémités. Réfrigérer.

5 Dans une grande casserole, porter l'eau à ébullition et y plonger les saucissons. Réduire à feu doux et laisser mijoter à couvert de 8 à 10 minutes. Retirer du feu et laisser refroidir. Garder au réfrigérateur.

6 Au moment de servir, chauffer le reste de l'huile d'olive dans une poêle et y faire dorer les saucissons de 2 à 3 minutes à feu doux. Retirer les saucissons de la poêle et les couper en médaillons d'environ 2,5 cm (1 po).

7 Disposer le mesclun dans les assiettes, garnir de médaillons de saucissons et arroser de la vinaigrette à la lime et au tamari.

8 Parsemer de graines de sésame.

VINAIGRETTE À LA LIME ET AU TAMARI

1 Dans un bol, préparer la vinaigrette en fouettant tous les ingrédients ensemble. Réserver et conserver au réfrigérateur.

Salade d'huîtres, de poires et de courgettes au vinaigre de framboise

4 à 6 portions

INGRÉDIENTS

INGRÉDIENTS

36 huîtres fraîches **36**

250 ml vinaigrette à la framboise **1 tasse**

4 poires entières, lavées **4**

4 courgettes de grosseur moyenne, **4** entières et lavées

36 framboises entières, lavées **36**

30 ml graines de sésame noir **2 c. à table**

Vinaigrette à la framboise
(Donne 250 ml ou 1 tasse)

125 ml huile d'olive **1/2 tasse**

60 ml huile de noix **1/4 tasse**

60 ml vinaigre de framboise **1/4 tasse**

2 ml moutarde de Dijon **1/2 c. à thé**

2 petites échalotes hachées **2**

1 gousse d'ail hachée **1**

2 ml estragon séché **1/2 c. à thé**

1 pincée de piment de Cayenne **1**

sel et poivre du moulin

MÉTHODE

1 Ouvrir les huîtres et les mettre dans un bol avec leur jus passé au tamis. Réserver et conserver au réfrigérateur.

2 Verser la vinaigrette à la framboise dans un saladier.

3 À l'aide d'une mandoline ou d'un couteau bien aiguisé, couper les poires en julienne, sans les peler, et les déposer tout de suite dans le saladier. Mélanger rapidement pour éviter l'oxydation. Ajouter aussi les courgettes coupées en julienne avec leur peau et mélanger.

4 Bien égoutter les huîtres et les mettre dans le saladier. Mélanger délicatement et répartir la salade dans les assiettes.

5 Décorer avec les framboises entières et garnir de graines de sésame noir.

VINAIGRETTE À LA FRAMBOISE

1 Pour préparer la vinaigrette, mélanger à l'aide d'un fouet tous les ingrédients dans un bol. Réserver et conserver au réfrigérateur.

Plats de résistance

Sukiyaki de saumon

4 à 6 portions

INGRÉDIENTS

750 g filet de saumon sans la peau **1 1/2 lb**

30 ml huile d'olive **2 c. à table**

500 ml carottes coupées en fine julienne **2 tasses**

60 ml champignons blancs émincés **1/4 tasse**

60 ml poivron rouge en fine julienne **1/4 tasse**

60 ml oignon rouge en fine julienne **1/4 tasse**

250 ml vermicelle cuit **1 tasse**

2 ml basilic séché **1/2 c. à thé**

1 ml pâte de piments frais **1/4 c. à thé**

1 gousse d'ail hachée **1**

2 ml gingembre frais, haché **1/2 c. à thé**

1 pincée de sucre **1**

poivre du moulin

125 ml sauce soja **1/2 tasse**

45 ml saké **3 c. à table**

60 ml oignon vert émincé **1/4 tasse**

MÉTHODE

1 Préchauffer le four à 240 °C (475 °F).

2 Découper le saumon en très fines lamelles d'environ 0,5 cm (1/4 po). Réserver et réfrigérer.

3 Dans une grande poêle allant au four, chauffer l'huile d'olive à feu vif et y faire sauter les légumes, le vermicelle, le basilic, la pâte de piments, l'ail, le gingembre, le sucre et le poivre de 2 à 3 minutes. Retirer du feu.

4 Déposer les lamelles de saumon par-dessus et cuire au four préchauffé, sous le gril, de 1 à 2 minutes. Retirer du four et arroser de sauce soja et de saké. Servir aussitôt et garnir chaque portion d'oignon vert.

Bar poêlé aux carottes et bok-choy

Très bon

4 à 6 portions

INGRÉDIENTS

30 ml huile d'olive **2 c. à table**

1 kg filet de bar avec la peau, **2 lb**
coupé en 6 morceaux

500 g carottes émincées **1 lb**

500 g bok-choy coupé grossièrement **1 lb**

15 ml miel **1 c. à table**

15 ml vinaigre de riz **1 c. à table**

250 ml fumet de poisson **1 tasse**

15 ml sauce soja **1 c. à table**

60 g beurre non salé, coupé **1/4 tasse**
en petits morceaux

sel et poivre du moulin

MÉTHODE

1   Dans une grande poêle, chauffer 15 ml (1 c. à table) d'huile d'olive à feu vif et y cuire le bar pendant 1 minute du côté de la chair. Retourner et poursuivre la cuisson sur la peau à feu moyen, de 3 à 4 minutes, en veillant à ce que le bar reste moelleux. Retirer de la poêle et garder au chaud.

2   Dans la même poêle, verser le reste de l'huile d'olive et cuire les carottes de 2 à 3 minutes ou jusqu'à ce qu'elles soient *al dente*. Ajouter le bok-choy et le miel, et laisser cuire encore 1 minute.

3   Déglacer au vinaigre de riz, puis retirer de la poêle et réserver au chaud. Ajouter le fumet de poisson et la sauce soja. Amener à ébullition, assaisonner et retirer du feu.

4   Incorporer le beurre peu à peu en mélangeant délicatement.

5   Déposer les carottes et le bok-choy dans les assiettes, ajouter le bar et arroser de sauce.

Flétan aux aromates et purée de brocoli

4 à 6 portions

30 ml beurre non salé **2 c. à table**

1 oignon de grosseur moyenne, coupé grossièrement **1**

2 poireaux lavés et hachés grossièrement **2**

1 gousse d'ail hachée **1**

1 ml thym séché **1/4 c. à thé**

1 ml estragon séché **1/4 c. à thé**

1 ml marjolaine séchée **1/4 c. à thé**

2 ml basilic séché **1/2 c. à thé**

2 ml cerfeuil **1/2 c. à thé**

1 ml graines de coriandre **1/4 c. à thé**

1 ml graines d'anis **1/4 c. à thé**

1 pincée de piment de Cayenne **1**

sel et poivre du moulin

250 ml fumet de poisson **1 tasse**

1 kg filets de flétan sans la peau, coupés en 6 morceaux **2 lb**

250 ml crème à 35 % **1 tasse**

3 L eau **12 tasses**

2 brocolis de grosseur moyenne, coupés grossièrement **2**

60 ml huile de noix **1/4 tasse**

60 ml ciboulette hachée **1/4 tasse**

MÉTHODE

1 Dans une grande casserole, faire fondre le beurre à feu moyen. Ajouter l'oignon, les poireaux, l'ail, les aromates et les épices. Cuire de 2 à 3 minutes.

2 Verser le fumet de poisson et porter à ébullition.

3 Déposer le flétan dans la casserole, assaisonner, couvrir et cuire à feu doux de 3 à 5 minutes. Retirer le flétan, réserver et garder au chaud.

4 Verser la crème dans la casserole et porter de nouveau à ébullition. Laisser réduire à découvert de 2 à 3 minutes.

5 À l'aide d'un robot culinaire ou d'un mélangeur, réduire le tout en sauce en mélangeant de 2 à 3 minutes, puis filtrer à la passoire. Garder au chaud.

6 Dans une grande casserole, porter l'eau à ébullition. Ajouter 30 ml (2 c. à table) de sel, plonger les brocolis dans l'eau et cuire à découvert de 6 à 8 minutes ou jusqu'à ce qu'ils soient tendres.

7 Bien égoutter et mettre dans un robot culinaire. Réduire en purée en ajoutant peu à peu l'huile de noix.

8 Dresser la purée de brocoli dans les assiettes, déposer les filets de flétan par-dessus, arroser de la sauce et garnir de ciboulette.

Risotto aux gambas épicées

Risotto
excellent { 1 1/2 t. risotto
4 t. bouillon poulet
1 oignon
1/3 t. parmesan

4 à 6 portions

INGRÉDIENTS

15 ml jus de citron **1 c. à table**

30 ml huile d'olive **2 c. à table**

15 ml sauce Worcestershire **1 c. à table**

2 gousses d'ail hachées **2**

5 ml gingembre frais, haché **1 c. à thé**

2 ml graines de coriandre écrasées **1/2 c. à thé**

2 ml graines de fenouil écrasées **1/2 c. à thé**

1 ml graines de cardamome **1/4 c. à thé**

5 ml cari **1 c. à thé**

1 ml pâte de piments frais **1/4 c. à thé**

30 crevettes entières **30**

sel et poivre du moulin

30 ml beurre non salé **2 c. à table**

60 ml oignon émincé **1/4 tasse**

60 ml poivron rouge émincé **1/4 tasse**

60 ml champignons blancs émincés **1/4 tasse**

2 pincées de safran en filaments **2**

375 ml riz arborio lavé et égoutté **1 1/2 tasse**

750 ml fumet de poisson **3 tasses**

60 ml parmesan râpé **1/4 tasse**

60 ml huile de crustacés (voir page 19) **1/4 tasse**

60 ml persil frais, haché **1/4 tasse**

MÉTHODE

1 Dans un grand bol, fouetter ensemble le jus de citron, l'huile d'olive, la sauce Worcestershire, l'ail, le gingembre et les épices. Ajouter les gambas (crevettes), assaisonner, mélanger délicatement et laisser macérer pendant une heure au réfrigérateur.

2 Dans une grande poêle à surface antiadhésive, cuire les gambas de 4 à 6 minutes à feu vif jusqu'à ce qu'elles soient cuites. Retirer de la poêle et garder au chaud.

3 Dans une casserole de grandeur moyenne, faire fondre le beurre à feu doux et y faire suer les légumes et le safran de 2 à 3 minutes. Ajouter le riz et cuire de 2 à 3 minutes.

4 Verser le fumet de poisson, assaisonner et amener à ébullition. Couvrir et laisser cuire à feu très doux pendant 20 minutes.

5 Retirer la casserole du feu et incorporer le fromage parmesan en remuant délicatement.

6 Répartir le risotto dans les assiettes, déposer les gambas par-dessus. Arroser d'un filet d'huile de crustacés et garnir de persil.

Tournedos de saumon grillés, beurre aux câpres

4 à 6 portions

INGRÉDIENTS

250 ml beurre non salé **1 tasse**

125 ml câpres hachées **1/2 tasse**

60 ml persil frais, haché **1/4 tasse**

1 gousse d'ail hachée **1**

30 ml jus de citron **2 c. à table**

1 ml sauce Tabasco **1/4 c. à thé**

sel et poivre du moulin

1,5 kg pommes de terre pelées **3 lb**

125 ml lait chaud **1/2 tasse**

125 ml feuilles d'oseille fraîche, **1/2 tasse** coupées en fine julienne

1 kg filet de saumon coupé en 6 tournedos **2 lb**

30 ml huile d'olive **2 c. à table**

60 ml persil frais **1/4 de tasse**

MÉTHODE

1 À l'aide d'une cuillère en bois, ramollir le beurre dans un bol. Ajouter les câpres, le persil, l'ail, le jus de citron et la sauce Tabasco. Assaisonner et bien mélanger le tout.

2 Déposer le beurre aux câpres sur une pellicule de plastique et rouler pour former un cylindre de 2,5 cm (1 po) de diamètre. Réfrigérer pendant 6 heures.

3 Couper les pommes de terre en cubes d'environ 2,5 cm (1 po) et les faire cuire à l'eau bouillante salée pendant 15 minutes ou jusqu'à ce qu'elles soient complètement cuites. Bien égoutter et réduire en purée à l'aide d'un presse-purée. Ajouter le lait et l'oseille, assaisonner et garder au chaud.

4 Badigeonner les tournedos de saumon d'huile d'olive, saler et poivrer.

5 Griller sur la grille d'un barbecue très chaud de 3 à 4 minutes de chaque côté ou selon votre degré de cuisson préféré.

6 Servir aussitôt accompagné de la purée de pommes de terre à l'oseille et du beurre aux câpres.

7 Garnir de persil frais.

Filets de truite aux herbes fraîches

4 à 6 portions

INGRÉDIENTS

60 ml estragon frais, haché **1/4 tasse**

60 ml persil frais, haché **1/4 tasse**

60 ml cerfeuil frais, haché **1/4 tasse**

60 ml ciboulette fraîche, hachée **1/4 tasse**

1 kg filets de truite sans la peau **2 lb**

30 ml moutarde de Dijon **2 c. à table**

sel et poivre du moulin

30 ml huile d'olive **2 c. à table**

750 ml fettucine cuits *al dente* **3 tasses**

60 ml vin blanc **1/4 tasse**

2 petites échalotes hachées **2**

250 ml fumet de poisson **1 tasse**

30 ml jus de citron **2 c. à table**

125 ml beurre non salé, **1/2 tasse**
coupé en petits morceaux

1 Dans un petit bol, mélanger les herbes fraîches et garder au réfrigérateur.

2 Badigeonner les filets de truite de moutarde et les assaisonner des herbes hachées. Presser légèrement pour que les herbes adhèrent au poisson.

3 Dans une grande poêle à surface antiadhésive, chauffer 15 ml (1 c. à table) d'huile d'olive à feu vif. Ajouter les filets de truite et cuire 1 minute de chaque côté. Retirer de la poêle. Verser le reste de l'huile d'olive dans la poêle et y faire sauter les fettucine à feu moyen de 3 à 5 minutes ou jusqu'à ce qu'ils soient bien chauds. Réserver au chaud.

4 Dans une casserole de grandeur moyenne, faire réduire de moitié le vin blanc et les échalotes. Ajouter le fumet de poisson et le jus de citron. Laisser réduire de moitié. Retirer du feu et incorporer le beurre peu à peu en mélangeant doucement. Saler et poivrer. Garder au chaud.

5 Déposer les filets de truite dans les assiettes, ajouter les pâtes et arroser de la sauce.

6 Décorer des herbes fraîches.

Vivaneau aux agrumes et polenta

4 à 6 portions

INGRÉDIENTS

Polenta

1 L lait **4 tasses**

250 ml farine de maïs **1 tasse**

60 ml beurre non salé **1/4 tasse**

60 ml parmesan râpé **1/4 tasse**

60 ml romarin frais, haché **1/4 tasse**

Poisson et vinaigrette

3 oranges de grosseur moyenne **3**

2 pamplemousses roses de grosseur moyenne **2**

3 clémentines **3**

1 lime **1**

125 ml huile d'olive **1/2 tasse**

1 kg filets de vivaneau écaillé **2 lb**

sel et poivre du moulin

MÉTHODE

POLENTA

1 Dans une grande marmite d'une capacité de 3 L (12 tasses), porter le lait à ébullition. Saler et poivrer. Verser en pluie peu à peu la farine de maïs et laisser cuire à feu doux de 25 à 30 minutes, en remuant continuellement à l'aide d'une cuillère en bois. Ajouter le beurre, le parmesan et le romarin. Bien mélanger et verser dans un moule rectangulaire de 25 cm x 10 cm (10 po x 4 po) tapissé d'une pellicule de plastique. Réfrigérer pendant 24 heures.

2 Couper la polenta en carrés ou en losanges et la faire dorer à feu moyen dans une poêle à surface antiadhésive de 2 à 3 minutes de chaque côté.

POISSON ET VINAIGRETTE

1 Peler les agrumes à vif au-dessus d'un bol pour récupérer le jus, c'est-à-dire enlever à l'aide d'un couteau toute la pelure et la peau blanche qui recouvrent le fruit, de façon que la chair soir exposée.

2 Retirer les quartiers de chair et réserver avec leur jus au réfrigérateur.

3 Dans une grande poêle, chauffer 30 ml (2 c. à table) d'huile d'olive à feu moyen et y cuire le vivaneau de 3 à 5 minutes, côté peau vers le bas. Retirer de la poêle et garder au chaud. Dans la même poêle, verser le reste de l'huile d'olive et laisser tiédir à feu doux. Ajouter les agrumes avec leur jus.

4 Assaisonner et fouetter vigoureusement, réchauffer pendant 1 ou 2 minutes sans laisser bouillir. Retirer du feu et garder au chaud.

5 Déposer la polenta et le vivaneau dans les assiettes et arroser avec l'émulsion d'huile d'olive aux agrumes.

Pétoncles aux épices douces, chow-mein aux légumes

Très bon mais une épice goûte la réglisse !!!

4 à 6 portions

INGRÉDIENTS

5 ml graines de fenouil écrasées 1 c. à thé
5 ml graines de coriandre écrasées 1 c. à thé
5 ml graines d'anis écrasées 1 c. à thé
5 ml graines de cardamome écrasées 1 c. à thé - *non mis,*
5 ml graines de carvi écrasées 1 c. à thé
1 kg gros pétoncles, frais 2 lb
15 ml huile d'olive 1 c. à table
10 ml huile de sésame 2 c. à thé
60 ml oignon rouge émincé 1/4 tasse
60 ml poivron rouge émincé 1/4 tasse
60 ml poivron vert émincé 1/4 tasse
60 ml carottes émincées 1/4 tasse
60 ml brocoli émincé 1/4 tasse
60 ml chou-fleur émincé 1/4 tasse
60 ml céleri émincé 1/4 tasse
750 g fèves germées 1 1/2 lb
15 ml sauce hoisin 1 c. à table
30 ml sauce aux huîtres 2 c. à table
125 ml fumet de poisson 1/2 tasse
sel et poivre du moulin
30 ml graines de sésame 2 c. à table

MÉTHODE

1 Dans une petite poêle sans matière grasse, faire dorer les épices à feux doux de 2 à 3 minutes ou jusqu'à ce qu'elles commencent à dégager leur arôme. Les retirer du feu, les déposer dans un grand bol et les laisser refroidir.

2 Ajouter les pétoncles et l'huile d'olive. Bien mélanger et laisser macérer pendant 1 heure au réfrigérateur.

3 Dans une grande poêle à surface antiadhésive, saisir les pétoncles pendant 1 minute de chaque côté. Saler et poivrer. Retirer de la poêle et garder au chaud. Dans la même poêle, ajouter l'huile de sésame et y faire sauter à feu vif tous les légumes, sauf les fèves germées, de 2 à 3 minutes.

4 Incorporer les fèves germées, la sauce hoisin, la sauce aux huîtres et le fumet de poisson. Assaisonner et bien chauffer de 1 à 2 minutes.

5 Retirer du feu et servir aussitôt le chow-mein au centre des assiettes. Disposer les pétoncles sur le pourtour et garnir de graines de sésame.

Marlin bleu et salsa aux mangues

4 à 6 portions

INGRÉDIENTS

Marinade

125 ml sauce hoisin **1/2 tasse**

60 ml vinaigre de riz **1/4 tasse**

30 ml sauce soja **2 c. à table**

10 ml moutarde de Dijon **2 c. à thé**

5 ml gingembre frais, haché **1 c. à thé**

1 gousse d'ail hachée **1**

1 pincée de piment de Cayenne **1**

poivre du moulin

1 kg marlin bleu coupé en 6 morceaux **2 lb**

15 ml huile d'olive **1 c. à table**

salsa aux mangues

Salsa aux mangues

2 grosses mangues, hachées finement **2**

1 oignon rouge de grosseur moyenne, émincé **1**

125 ml coriandre fraîche, hachée finement **1/2 tasse**

2 gousses d'ail hachées **2**

30 ml tomates séchées **2 c. à table**
ayant macéré dans l'huile, égouttées et hachées finement

30 ml vinaigre de riz **2 c. à table**

15 ml huile d'olive **1 c. à table**

10 ml cassonade **2 c. à thé**

1 pincée de piment de Cayenne **1**

sel et poivre du moulin

MÉTHODE

MARINADE

1 Dans un bol, mélanger tous les ingrédients de la marinade. Ajouter les morceaux de marlin bleu, couvrir d'une pellicule de plastique et laisser mariner pendant 6 heures au réfrigérateur.

2 Retirer le poisson de la marinade. Réserver et garder au réfrigérateur.

3 Dans une grand poêle antiadhésive, chauffer l'huile d'olive à feu vif et cuire le poisson de 2 à 3 minutes de chaque côté ou selon le degré de cuisson préféré.

4 Servir aussitôt dans les assiettes et accompagner de salsa aux mangues.

SALSA AUX MANGUES

1 Dans un grand bol, mélanger tous les ingrédients ensemble et laisser mariner au réfrigérateur pendant au moins une heure.

Filets de mérou aux tomates et aux olives noires

4 à 6 portions

INGRÉDIENTS

15 ml huile d'olive **1 c. à table**

1 oignon de grosseur moyenne, émincé **1**

2 gousses d'ail hachées **2**

1 ml thym séché **1/4 c. à thé**

2 ml origan séché **1/2 c. à thé**

2 ml basilic séché **1/2 c. à thé**

1 ml paprika **1/4 c. à thé**

1 pincée de piment de Cayenne **1**

125 ml olives noires dénoyautées **1/2 tasse**
et hachées

1 boîte de tomates en dés égouttées **1**
(796 ml/28 oz)

sel et poivre du moulin

1 kg filets de mérou sans la peau **2 lb**

Semoule

125 ml persil frais haché **1/2 tasse**

250 ml semoule **1 tasse**
(couscous de grosseur moyenne)

10 ml cari **2 c. à thé**

30 ml huile d'olive **2 c. à table**

250 ml eau chaude ou bouillon **1 tasse**
de légumes chaud

2 courgettes de grosseur moyenne, **2**
coupées en petits dés

1/2 gousse d'ail hachée **1/2**

1 ml thym séché **1/4 c. à thé**

MÉTHODE

MÉROU

1 Dans une grande poêle, chauffer l'huile d'olive à feu moyen et y faire revenir l'oignon, l'ail et les épices de 2 à 3 minutes. Ajouter les olives et les tomates, assaisonner et poursuivre la cuisson de 2 à 3 minutes.

2 Déposer les filets de mérou par-dessus. Couvrir et laisser cuire de 4 à 6 minutes en faisant attention de ne pas trop cuire le poisson.

3 Servir aussitôt dans les assiettes, accompagné de la semoule chaude, et garnir de persil frais.

SEMOULE

1 Dans un grand bol, bien mélanger la semoule, le cari et 15 ml (1 c. à table) d'huile d'olive. Ajouter l'eau chaude et assaisonner. Mélanger, couvrir d'une pellicule de plastique et laisser reposer à la température ambiante pendant 1 heure. Découvrir et égrainer à la fourchette. Garder au réfrigérateur.

4 Dans une poêle de grandeur moyenne, chauffer le reste de l'huile d'olive à feu vif et y faire sauter les courgettes, l'ail et le thym 1 ou 2 minutes, assaisonner. Retirer du feu et laisser refroidir. Incorporer à la semoule et réchauffer au micro-ondes au moment de servir.

Chaudrée terre et mer

4 à 6 portions

30 ml huile d'olive **2 c. à table**

500 g hauts de cuisses de poulet sans la peau **1 lb**

125 g chorizo découpé en tranches minces **1/4 lb**

1 oignon de grosseur moyenne, émincé **1**

2 gousses d'ail hachées **2**

1 ml thym séché **1/4 c. à thé**

2 ml origan séché **1/2 c. à thé**

2 feuilles de laurier **2**

125 ml vin blanc **1/2 tasse**

1/2 boîte de tomates en dés égouttées **1/2**
(796 ml/28 oz)

750 ml fumet de poisson **3 tasses**

36 moules fraîches, nettoyées **36**

36 palourdes fraîches, nettoyées **36**

18 grosses crevettes, décortiquées **18**

sel et poivre du moulin

60 ml persil frais, haché **1/4 tasse**

60 ml coriandre fraîche, hachée **1/4 tasse**

60 ml oignon vert émincé **1/4 tasse**

1 Dans une grande casserole, chauffer l'huile d'olive à feu vif et y faire dorer le poulet de 2 à 3 minutes. Ajouter le chorizo, l'oignon, l'ail et les épices et poursuivre la cuisson de 2 à 3 minutes.

2 Déglacer au vin blanc.

3 Ajouter les tomates et le fumet de poisson, porter à ébullition. Couvrir et laisser cuire à feu doux pendant 30 minutes ou jusqu'à ce que le poulet ait perdu sa couleur rosée.

4 Ajouter les moules, les palourdes et les crevettes et continuer à cuire à couvert de 3 à 5 minutes.

5 Servir très chaud dans des assiettes creuses et garnir de persil, de coriandre et d'oignons verts.

Ailes de raie et leur coulis de cresson

4 à 6 portions

INGRÉDIENTS

1,5 kg ailes de raie nettoyées, avec cartilage, **3 lb** coupées en 6 morceaux

45 ml huile d'olive **3 c. à table**

15 ml jus de citron **1 c. à table**

sel et poivre du moulin

2 L eau **8 tasses**

500 ml cresson haché grossièrement **2 tasses**

125 ml fumet de poisson **1/2 tasse**

375 ml crème à 35 % **1 1/2 tasse**

30 ml beurre non salé **2 c. à table**

1 kg pommes de terre grelots cuites *al dente* **2 lb**

1 ml thym séché **1/4 c. à thé**

2 ml origan séché **1/2 c. à thé**

2 ml paprika **1/2 c. à thé**

MÉTHODE

1 Déposer la raie dans un grand bol et arroser d'huile d'olive et de jus de citron, saler et poivrer et bien mélanger le tout. Laisser mariner pendant 1 heure au réfrigérateur.

COULIS DE CRESSON

1 Dans une grande casserole, porter l'eau à ébullition. Ajouter 30 ml (2 c. à table) de sel et plonger le cresson dans l'eau pendant 30 secondes. Retirer le cresson de l'eau et le refroidir à l'eau glacée. Bien égoutter, réserver et garder au réfrigérateur.

2 Mettre le fumet de poisson et la crème dans une casserole et amener à ébullition à feu doux. Laisser réduire de moitié à découvert.

3 Ajouter le cresson, assaisonner et faire bouillir pendant 1 minute, retirer du feu. Battre au mélangeur ou au robot culinaire, puis filtrer à la passoire. Réserver et garder au chaud.

4 Faire chauffer une grande poêle à surface antiadhésive et y cuire la raie de 3 à 4 minutes de chaque côté ou jusqu'à ce que la chair se détache facilement du cartilage. Retirer de la poêle et garder au chaud.

5 Dans la même poêle, faire fondre le beurre et y faire sauter les pommes de terre grelots coupées en deux, avec les épices, de 3 à 5 minutes ou jusqu'à ce qu'elles soient bien dorées. Réserver et garder au chaud.

6 Au moment de servir, couvrir le fond des assiettes du coulis de cresson, déposer la raie dessus et entourer de grelots.

Dorade poêlée à la mexicaine

4 à 6 portions

INGRÉDIENTS

30 ml huile d'olive 2 c. à table
15 ml jus de lime 1 c. à table
1 gousse d'ail hachée 1
2 ml cumin moulu 1/2 c. à thé
2 ml chili mexicain 1/2 c. à thé
5 ml origan séché 1 c. à thé
1 pincée de piment de Cayenne 1
sel et poivre du moulin
1 kg filets de dorade écaillée 2 lb
salsa au jicama
60 ml coriandre fraîche 1/4 tasse

Salsa au jicama
2 jicamas de grosseur moyenne, coupés en bâtonnets 2
1 oignon rouge de grosseur moyenne, émincé 1
60 ml poivron rouge émincé 1/4 tasse
60 ml poivron orange émincé 1/4 tasse
60 ml oignon vert émincé 1/4 tasse
30 ml jus de lime 2 c. à table
60 ml coriandre fraîche, hachée 1/4 tasse
60 ml menthe fraîche, hachée 1/4 tasse
5 ml gingembre frais, haché 1 c. à thé
15 ml huile d'olive 1 c. à table
10 ml cassonade 2 c. à table
1 petit piment jalapeño émincé (facultatif) 1
sel et poivre du moulin

MÉTHODE

1 Dans un bol, bien mélanger l'huile d'olive, le jus de lime, l'ail et les épices, assaisonner.

2 Badigeonner les filets de dorade de la marinade et laisser macérer pendant 1 heure au réfrigérateur.

3 Faire chauffer une poêle antiadhésive et y cuire les filets de daurade, la peau en dessous, de 2 à 3 minutes. Servir aussitôt accompagné de la salsa au jicama.

4 Garnir de coriandre fraîche.

SALSA AU JICAMA

1 Dans un grand bol, mélanger tous les ingrédients de la salsa et laisser mariner au réfrigérateur pendant au moins 1 heure.

Queues de homard aux asperges

4 à 6 portions

INGRÉDIENTS

3 L eau **12 tasses**

30 ml sel **2 c. à table**

1,5 kg queues de homard **3 lb**

30 ml huile d'olive **2 c. à table**

15 ml jus de citron **1 c. à table**

sel et poivre du moulin

1 kg asperges vertes pelées **2 lb**

250 ml bouillon de légumes **1 tasse**

30 ml beurre non salé **2 c. à table**

MÉTHODE

1 Dans une grande casserole, porter l'eau et le sel à ébullition et y plonger les queues de homard. Lorsque l'eau bout de nouveau, calculer 5 minutes de cuisson. Retirer de l'eau et laisser tiédir. Décortiquer, couper la queue en médaillons d'environ 1 cm (1/2 po).

2 Les déposer dans un bol et arroser d'huile d'olive et de jus de citron. Assaisonner et mélanger délicatement. Laisser macérer pendant 1 heure au réfrigérateur.

3 Dans une grande casserole, porter à ébullition 3 L (12 tasses) d'eau salée et y plonger les asperges. Laisser cuire de 7 à 8 minutes. Retirer les asperges de la casserole et refroidir à l'eau glacée. Égoutter et couper des pointes de 8 cm (3 po) de longueur. Réserver et garder au réfrigérateur.

4 Dans une casserole de grandeur moyenne, porter à ébullition le bouillon de légumes. Ajouter les tiges d'asperges et laisser cuire pendant 1 minute.

5 Retirer du feu, battre au mélangeur ou au robot culinaire, puis filtrer à la passoire. Remettre la sauce sur le feu et bien réchauffer sans laisser bouillir.

6 Fermer le feu et incorporer le beurre peu à peu en fouettant doucement, assaisonner. Garder au chaud.

7 Dans une grande poêle à surface antiadhésive, réchauffer les médaillons de homard et les pointes d'asperges à feu moyen de 2 à 3 minutes.

8 Disposer le tout dans les assiettes et arroser de la sauce aux asperges.

Marinade

30 ml huile d'olive 2 c. à table

15 ml jus de citron 1 c. à table

2 ml paprika 1/2 c. à thé

2 ml basilic séché 1/2 c. à thé

2 ml romarin séché 1/2 c. à thé

1 gousse d'ail hachée 1

1 pincée de piment de Cayenne 1

sel et poivre du moulin

1 kg filets de lotte 2 lb

30 ml huile d'olive 2 c. à table

Poisson

15 ml huile d'olive 1 c. à table

2 oignons de grosseur moyenne, émincés 2

1 gousse d'ail hachée 1

2 ml paprika 1/2 c. à thé

1 ml thym séché 1/4 c. à thé

2 feuilles de laurier 2

1 pincée de piment de Cayenne 1

1 pincée de sucre 1

15 ml vinaigre balsamique 1 c. à table

1 boîte de tomates en dés, égouttées
(796 ml/28 oz) 1

sel et poivre du moulin

60 ml basilic frais, émincé 1/4 tasse

gremolata

Gremolata

30 ml chapelure 2 c. à table

30 ml persil frais 2 c. à table

2 gousses d'ail dégermées 2

15 ml zeste d'orange 1 c. à table

15 ml zeste de citron 1 c. à table

1 pincée de noix de muscade 1

1 pincée de piment de Cayenne 1

sel et poivre du moulin

ITALIE

Médaillons de lotte et compote de tomates «alla gremolata»

4 à 6 portions

MÉTHODE

1. Dans un grand bol, mélanger tous les ingrédients de la marinade. Déposer les filets de lotte coupé en médaillons d'environ 2 cm (3/4 po). Bien mélanger et laisser macérer pendant 1 heure au réfrigérateur.

2. Dans une grande poêle, chauffer l'huile d'olive à feu vif et y cuire l'oignon, l'ail et les épices de 2 à 3 minutes ou jusqu'à ce qu'ils commencent à caraméliser.

3. Déglacer au vinaigre balsamique et ajouter les tomates. Continuer à cuire à feu moyen de 4 à 5 minutes pour bien éliminer l'excédent d'eau. Assaisonner et retirer du feu. Incorporer le basilic frais et garder au chaud.

4. Dans une grande poêle à surface antiadhésive, cuire les médaillons de lotte à feu moyen de 3 à 4 minutes sans les retourner, réserver et garder au chaud.

5. Servir la compote de tomates dans les assiettes et disposer les médaillons de lotte côté doré vers le haut.

6. Parsemer de gremolata.

7. Arroser d'un filet d'huile d'olive.

GREMOLATA

1. Hacher le persil et l'ail très finement et bien mélanger avec le reste des ingrédients de la gremolata. Réserver et garder au réfrigérateur.

Fricassée de langoustines à la marseillaise

4 à 6 portions

INGRÉDIENTS

30 ml huile d'olive **2 c. à table**

36 grosses langoustines, décortiquées **36**

60 ml pastis **1/4 tasse**

30 ml beurre non salé **2 c. à table**

2 échalotes hachées finement **2**

3 bulbes de fenouil frais, de grosseur moyenne **3**

1 gousse d'ail dégermée et hachée **1**

375 ml fumet de poisson **1/2 tasse**

125 ml crème à 35 % **1/2 tasse**

sel et poivre du moulin

60 ml tomate fraîche, épépinée et hachée **1/4 tasse**

60 ml persil frais haché **1/4 tasse**

MÉTHODE

1 Dans une grande poêle, chauffer l'huile d'olive à feu vif et y saisir les langoustines de 1 à 2 minutes.

2 Déglacer au pastis et flamber. Retirer les langoustines de la poêle et garder au chaud.

3 Dans la même poêle, ajouter le beurre, les échalotes, le fenouil et l'ail, et cuire à feu moyen de 2 à 3 minutes. Verser le fumet de poisson et la crème. Amener à ébullition et laisser réduire à découvert de 1 à 2 minutes. Assaisonner et retirer du feu.

4 Garnir de tomate et de persil.

5 Servir aussitôt dans des assiettes et y disposer les langoustines.

Lèche-doigts

Tempura de crevettes
4 à 6 portions

INGRÉDIENTS

24 grosses crevettes 24
250 ml farine de riz 1 tasse
125 ml fécule de maïs 1/2 tasse
5 ml cari 1 c. à thé
2 ml coriandre moulue 1/2 c. à thé
1 ml poudre d'ail 1/4 c. à thé
2 ml poudre d'oignon 1/2 c. à thé
1 ml poivre blanc moulu 1/4 c. à thé
1 pincée de piment de Cayenne 1
sel
250 ml bière blonde de type lager 1 tasse
2 blancs d'œufs 2
1 L huile d'arachide 4 tasses
250 ml sauce soja tiède 1 tasse

MÉTHODE

1 Décortiquer les crevettes en gardant le dernier anneau avec la queue. Garder au réfrigérateur.

2 Dans un grand bol, bien mélanger la farine de riz, la fécule de maïs et les épices. Saler, délayer avec la bière.

3 Battre les blancs d'œufs en neige et incorporer doucement à la pâte. Réserver à la température ambiante.

4 Dans une casserole d'une capacité de 3 L (12 tasses), chauffer l'huile d'arachide à feu vif à une température de 180 °C (350 °F).

5 Prendre les crevettes doucement par la queue et les faire tremper dans la pâte à la bière. Bien les égoutter et les plonger, quelques-unes à la fois, dans l'huile bien chaude. Cuire pendant 1 minute. Retirer de la casserole et égoutter sur des essuie-tout. Servir aussitôt accompagné d'une sauce soja tiède, épicée à votre goût.

Satay de saumon à la citronnelle
4 à 6 portions

INGRÉDIENTS

Marinade
500 g filets de saumon sans la peau 1 lb
5 ml sauce de poisson 1 c. à thé
15 ml huile de sésame 1 c. à table
15 ml citronnelle fraîche, hachée 1 c. à table
5 ml jus de lime 1 c. à thé
2 gousses d'ail hachées 2
1 pincée de piment de Cayenne 1
sel et poivre du moulin
miel tériyaki

Miel tériyaki (Donne 250 ml ou 1 tasse)
125 ml miel 1/2 tasse
60 ml sauce soja 1/4 tasse
60 ml jus d'orange 1/4 tasse
5 ml gingembre frais, haché 1 c. à thé
1 pincée de piment de Cayenne 1

MÉTHODE

1 Couper les filets de saumon en cubes d'environ 2,5 cm (1 po) et les mettre dans un bol avec les autres ingrédients de la marinade. Bien mélanger et laisser mariner pendant 1 heure au réfrigérateur.

2 Chauffer une grande poêle à surface antiadhésive à feu vif et y saisir les cubes de saumon 5 secondes de chaque côté. Retirer les cubes de saumon avec des cure-dents et les disposer dans une grande assiette.

3 Arroser de miel tériyaki.

MIEL TÉRIYAKI

1 Dans une petite casserole, mélanger tous les ingrédients du miel tériyaki et amener à ébullition à feu très doux. Fermer le feu, laisser refroidir. Réserver à la température ambiante.

Bâtonnets de tilapia au sésame

4 à 6 portions

INGRÉDIENTS

500 g filets de tilapia sans la peau **1 lb**

30 ml huile d'olive **2 c. à table**

15 ml jus de citron **1 c. à table**

2 gousses d'ail hachées **2**

1 pincée de piment de Cayenne **1**

sel et poivre du moulin

250 ml graines de sésame **1 tasse**

ketchup oriental

Ketchup oriental (Donne 500 ml ou 2 tasses)

375 ml ketchup aux tomates **1 1/2 tasse**

30 ml sauce soja **2 c. à table**

10 ml huile de sésame **2 c. à thé**

15 ml vinaigre de riz **1 c. à table**

30 ml sauce hoisin **2 c. à table**

15 ml sauce Worcestershire **1 c. à table**

10 ml moutarde de Dijon **2 c. à thé**

10 ml gingembre frais, haché **2 c. à thé**

2 gousses d'ail hachées **2**

1 pincée de piment de Cayenne **1**

sel et poivre du moulin

MÉTHODE

1 Couper les filets de tilapia en bâtonnets d'environ 6 cm (2,5 po) sur 2 cm (3/4 po) et les déposer dans un grand bol. Arroser de l'huile d'olive et du jus de citron. Ajouter l'ail et les épices. Assaisonner et laisser mariner au réfrigérateur pendant 1 heure.

2 Mettre les graines de sésame sur une plaque de cuisson et y rouler les bâtonnets de tilapia. Presser les bâtonnets dans vos mains pour que les graines de sésame collent bien au poisson. Réserver au réfrigérateur.

3 Faire chauffer une grande poêle à surface antiadhésive à feu moyen et y faire dorer les bâtonnets de 1 à 2 minutes de chaque côté. Retirer et servir avec le ketchup oriental.

KETCHUP ORIENTAL

1 Dans un bol, bien fouetter tous les ingrédients du ketchup. Réserver et conserver au réfrigérateur.

Guacamole aux moules

4 à 6 portions

INGRÉDIENTS

15 ml huile d'olive **1 c. à table**
60 ml céleri haché grossièrement **1/4 tasse**
60 ml oignon haché grossièrement **1/4 tasse**
1 ml graines de coriandre **1/4 c. à thé**
1 ml graines de fenouil **1/4 c. à thé**
1 pincée de flocons de piment fort **1**
1 pincée de thym séché **1**
poivre du moulin
500 g moules **1 lb**
60 ml vin blanc **1/4 tasse**
guacamole
tortillas
2 limes **2**

Guacamole (donne 500 ml ou 2 tasses)
3 avocats mûrs **3**
15 ml jus de citron **1 c. à table**
30 ml huile d'olive **2 c. à table**
125 ml tomates fraîches, épépinées et hachées **1/2 tasse**
60 ml oignon vert, haché **1/4 tasse**
2 gousses d'ail hachées **2**
1 piment jalapeño émincé (facultatif) **1**
sel et poivre du moulin

MÉTHODE

1 Dans une grande marmite, chauffer l'huile d'olive à feu moyen. Y faire suer les légumes et les épices de 3 à 5 minutes à découvert. Ajouter les moules et le vin blanc, couvrir et cuire de 3 à 5 minutes, jusqu'à ce que les moules soient ouvertes.

2 Décoquiller les moules, les mettre dans un bol, les couvrir du jus de cuisson passé au tamis. Réserver au réfrigérateur.

3 Au moment de servir, bien égoutter les moules et les mélanger délicatement au guacamole.

4 Disposer les moules bien recouvertes de guacamole dans un plat de service, accompagner des tortillas et des limes pour aller avec la bière mexicaine.

GUACAMOLE

1 Dans un grand bol, à l'aide d'une fourchette, réduire en purée la pulpe d'avocats avec le jus de citron et l'huile d'olive.

2 Incorporer le reste des ingrédients, assaisonner et réserver au réfrigérateur.

Dumplings aux anchois

4 à 6 portions

30 ml huile d'olive **2 c. à table**

500 ml oignons hachés finement **2 tasses**

2 gousses d'ail hachées **2**

10 ml paprika **2 c. à thé**

1 ml poivre noir concassé **1/4 c. à thé**

8 filets d'anchois dans l'huile, égouttés et hachés finement **8**

125 ml persil frais, haché **1/2 tasse**

40 feuilles de pâte à won-town **40**

1 œuf battu **1**

1 L huile d'arachide **4 tasses**

250 ml crème sure et wasabi **1 tasse**

Crème sure et wasabi

250 ml crème sure **1 tasse**

5 ml wasabi **1 c. à thé**

MÉTHODE

1   Dans une grande casserole, chauffer l'huile d'olive à feu doux et y cuire les oignons, l'ail et les épices de 3 à 5 minutes à couvert, ou jusqu'à ce que les oignons soient translucides. Ajouter les anchois et poursuivre la cuisson pendant 1 ou 2 minutes à découvert. Retirer du feu et laisser refroidir. Incorporer le persil haché.

2   Former les dumplings en déposant 5 ml (1 c. à thé) du mélange au centre d'une feuille de pâte à won-ton. Badigeonner légèrement le pourtour de la pâte de l'œuf battu en pressant fermement les bords pour qu'ils collent ensemble.

3   Dans une casserole d'une capacité de 3 L (12 tasses), chauffer l'huile d'arachide à feu vif à une température de 180 °C (350 °F) et y faire frire les dumplings, quelques-uns à la fois, pendant 1 ou 2 minutes. Retirer les dumplings et égoutter sur des essuie-tout.

4   Servir aussitôt accompagné de la crème sure et wasabi.

CRÈME SURE ET WASABI

1   Dans un bol, bien mélanger les ingrédients et garder au réfrigérateur. Si vous aimez cette moutarde japonaise appelée wasabi, doublez la dose.

Roulades de saumon fumé

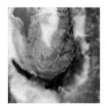

4 à 6 portions

INGRÉDIENTS

125 ml fromage à la crème **1/2 tasse**

60 ml câpres hachées **1/4 tasse**

60 ml persil frais, haché **1/4 tasse**

60 ml oignon vert haché **1/4 tasse**

30 ml jus de citron **2 c. à table**

1 pincée de piment de Cayenne **1**

poivre du moulin

1 paquet algues nori **1 paquet**

250 g saumon fumé coupé en tranches **1/2 lb**

Crème fouettée au raifort
(Donne 250 ml ou 1 tasse)

250 ml crème à 35 % **1 tasse**

15 ml raifort râpé **1 c. à table**

5 ml moutarde de Dijon **1 c. à thé**

sel et poivre du moulin

MÉTHODE

1 Mettre le fromage à la crème dans un grand bol et, à l'aide d'une cuillère en bois, battre de 3 à 5 minutes ou jusqu'à ce qu'il ait ramolli. Ajouter les câpres, le persil, l'oignon vert, le jus de citron et les épices. Bien mélanger, réserver à la température ambiante.

2 Disposer les algues à plat sur une surface de travail. Garnir de tranches de saumon fumé et couvrir le tout du mélange de fromage. Rouler de façon à obtenir un petit cigare. Réserver et réfrigérer pendant 1 heure avant de servir.

3 Couper en morceaux d'environ 5 cm (2 po) de longueur et servir avec la crème fouettée au raifort.

CRÈME FOUETTÉE AU RAIFORT

1 Fouetter la crème au-dessus d'un récipient contenant des glaçons. Ajouter le raifort et la moutarde. Saler et poivrer, bien mélanger et réserver au réfrigérateur.

Chimi-Changas de poisson

4 à 6 portions

INGRÉDIENTS

500 g chair de poisson blanc **1 lb**
(turbot, sole, etc.), sans arêtes

60 ml crème à 35 % **1/4 tasse**

1 blanc d'œuf **1**

15 ml jus de citron **1 c. à table**

1 ml cumin moulu **1/4 c. à thé**

2 ml chili mexicain **1/2 c. à thé**

1 pincée de piment de Cayenne **1**

sel et poivre du moulin

18 tortillas de maïs de 14 cm **18**
(5,5 po) de diamètre

1 L huile d'arachide **4 tasses**

Salsa (voir recette Quesadillas aux crevettes, p.45)

MÉTHODE

1 Passer la chair de poisson, la crème, le blanc d'œuf, le jus de citron et les épices au robot culinaire pour former une pâte homogène.

2 Répartir cette pâte au milieu de chaque tortilla et rouler de façon à obtenir un petit cigare. Fermer chaque bout à l'aide d'un cure-dents et faire frire dans l'huile chauffée à 180 °C (350 °F), quelques-uns à la fois, de 1 à 2 minutes. Les retirez de l'huile et les égoutter sur des essuie-tout.

3 Servir très chaud accompagné de salsa.

Petites palourdes au citron

4 à 6 portions

INGRÉDIENTS

60 petites palourdes (Little-neck) fraîches **60**

250 ml jus de citron **1 tasse**

1 pincée de piment de Cayenne **1**

poivre du moulin

60 ml persil frais, haché **1/4 tasse**

MÉTHODE

1 Bien nettoyer les palourdes à l'eau froide et les ouvrir en gardant toute la chair sur l'une des deux coquilles. À l'aide d'un petit couteau, couper le muscle qui tient à la coquille.

2 Bien mélanger le jus de citron, les épices et le persil. Arroser les palourdes de jus et vous les verrez bouger. Si elles ne bougent pas, ne les mangez pas. La réussite de ce plat tient à la fraîcheur du mollusque.

masculin.

Pétoncles à la parmesane

4 à 6 portions

Bien fait.

30 pétoncles frais, de grosseur moyenne **30** *Grosses Pétoncle*

125 ml beurre non salé **1/2 tasse** → *omettre.*

60 ml vin blanc **1/4 tasse**

60 ml fumet de poisson **1/4 tasse**

poivre du moulin

125 ml parmesan frais, râpé **1/2 tasse**

2 citrons coupés en quartier **2**

60 ml persil frais **1/4 tasse**

MÉTHODE

1 Préchauffer le four à 230 °C (450 °F).

2 Disposer chaque pétoncle dans une petite coquille ou dans une assiette à escargot. Ajouter un petit morceau de beurre et arroser de vin blanc et de fumet de poisson. Poivrer et parsemer de parmesan râpé.

3 Gratiner au four préchauffé de 1 à 2 minutes.

4 Servir avec des quartiers de citron et décorer de persil frais.

Escargots au bacon

4 à 6 portions

INGRÉDIENTS

30 ml huile d'olive **2 c. à table**

48 petits escargots rincés et égouttés **48**

2 gousses d'ail hachées **2**

1 ml thym séché **1/4 c. à thé**

2 ml paprika **1/2 c. à thé**

1 pincée de piment de Cayenne **1**

poivre du moulin

16 tranches de bacon précuit **16**

60 ml persil frais, haché **1/4 tasse**

MÉTHODE

1 Dans une grande poêle, chauffer l'huile d'olive à feu vif et y faire sauter les escargots, l'ail et les épices de 2 à 3 minutes. Retirer du feu et laisser refroidir.

2 Couper les tranches de bacon en trois sur le sens de la largeur, enrouler une petite tranche de bacon sur chaque escargot et fixer ces roulades sur des brochettes. Réserver au réfrigérateur.

3 Faire chauffer une grande poêle à surface antiadhésive à feu moyen et y faire dorer les brochettes d'escargots et de bacon de 2 à 3 minutes. Égoutter sur des essuie-tout. Servir aussitôt.

4 Parsemer de persil haché.

Brochettes de turbot et chorizo

4 à 6 portions

INGRÉDIENTS

375 g filets de turbot **3/4 lb**

15 ml huile d'olive **1 c. à table**

15 ml jus de citron **1 c. à table**

2 ml origan séché **1/2 c. à thé**

1 pincée de piment de Cayenne **1**

poivre du moulin

125 g chorizo (saucisson espagnol sec) coupé **1/4 lb** en tranches minces

60 ml huile de crustacés (voir page 19) **1/4 tasse**

60 ml coriandre fraîche **1/4 tasse**

MÉTHODE

1 Couper les filets de turbot en rectangles d'environ 6 cm (2,5 po) sur 1 cm (1/2 po) et les déposer dans un bol. Arroser d'huile d'olive et de jus de citron. Ajouter les épices, bien mélanger et laisser mariner au réfrigérateur pendant 1 heure.

2 Plier chaque morceau de turbot en deux et introduire une tranche de chorizo au milieu. Fixer à l'aide d'un cure-dents et réserver au réfrigérateur.

3 Faire chauffer une grande poêle à surface antiadhésive à feu vif et y faire dorer les brochettes 20 secondes de chaque côté.

4 Retirer de la poêle et servir avec l'huile de crustacés et la coriandre fraîche.

«Bonbons» aux crevettes

Donne **12** bonbons

INGRÉDIENTS

15 ml huile d'olive **1 c. à table**

60 ml oignon émincé **1/4 tasse**

1 gousse d'ail hachée **1**

5 ml paprika **1 c. à thé**

2 ml thym séché **1/2 c. à thé**

1 pincée de piment de Cayenne **1**

Poivre du moulin

250 g petites crevettes, cuites et décortiquées **1/2 lb**

250 ml épinards frais, équeutés, **1 tasse** lavés et émincés

125 ml fromage feta émietté **1/2 tasse**

12 feuilles de pâte phyllo **12**

125 ml beurre fondu **1/2 tasse**

MÉTHODE

1 Dans une grande poêle, chauffer l'huile à feu moyen et y faire sauter l'oignon, l'ail et les épices de 3 à 5 minutes. Ajouter les crevettes et continuer à cuire pendant 2 minutes. Incorporer les épinards, cuire encore 1 minute et retirer du feu. Laisser refroidir complètement.

2 Parsemer du fromage feta et bien mélanger. Garder au réfrigérateur.

3 Préchauffer le four à 190 °C (375 °F).

4 Pour rouler un bonbon, couper 1 feuille de pâte phyllo en quatre parties égales, badigeonner chacune de beurre fondu et les superposer de façon que les pointes se rejoignent. Déposer au centre 30 ml (2 c. à table) de garniture de crevettes et fermer en roulant les deux extrémités.

5 Placer les bonbons sur une plaque de cuisson et cuire au four préchauffé pendant 15 minutes ou jusqu'à ce qu'ils soient dorés. Servir aussitôt.

Boulettes de morue
4 à 6 portions

INGRÉDIENTS

500 g morue salée **1 lb**

1 gousse d'ail hachée **1**

1 pincée de piment de Cayenne **1**

poivre du moulin

250 ml purée de pommes de terre froide **1 tasse**

125 ml persil frais, haché **1/2 tasse**

125 ml oignons émincés finement **1/2 tasse**

2 jaunes d'œufs **2**

250 ml farine **1 tasse**

250 ml huile d'olive **1 tasse**

250 ml aïoli (voir recette page 23) **1 tasse**

MÉTHODE

1 Faire dessaler la morue pendant 12 heures en la déposant dans un grand bol. La couvrir d'eau froide et changer l'eau plusieurs fois (6 à 8 fois).

2 Retirer la morue de l'eau, la couper en morceaux de grosseur moyenne et la faire pocher à feu très doux dans l'eau chaude de 6 à 8 minutes. Bien égoutter, enlever la peau et les arêtes, puis laisser refroidir.

3 Effilocher la chair de morue dans un grand bol. Ajouter l'ail, les épices, la purée de pommes de terre, le persil, les oignons et les jaunes d'œufs. Bien mélanger le tout et former les boulettes en les roulant dans vos mains légèrement humidifiées. Rouler les boulettes dans la farine et les agiter pour éliminer l'excédent.

4 Dans une grande poêle, chauffer l'huile d'olive à feu vif et y dorer les boulettes, quelques-unes à la fois, de 2 à 3 minutes. Égoutter sur des essuie-tout et servir chaud ou froid accompagné d'aïoli.

Cuisses de grenouilles à la jamaïcaine
4 à 6 portions

INGRÉDIENTS

5 douzaines de cuisses de grenouilles **5**

2 gousses d'ail **2**

125 ml poivron vert haché grossièrement **1/2 tasse**

125 ml oignon vert haché grossièrement **1/2 tasse**

1 ml poivre noir concassé **1/4 c. à thé**

1 ml noix de muscade moulue **1/4 c. à thé**

2 ml piment de la Jamaïque moulu **1/2 c. à thé**

1 ml cannelle moulue **1/4 c. à thé**

1 feuille de laurier **1**

2 ml thym séché **1/2 c. à thé**

2 ml graines de coriandre moulues **1/2 c. à thé**

2 ml gingembre frais, haché **1/2 c. à thé**

60 ml huile d'olive **1/4 tasse**

30 ml jus de lime **2 c. à table**

1 piment Jalapeño haché (facultatif) **1**

sel au goût

MÉTHODE

1 Mettre tous les ingrédients, sauf les cuisses de grenouilles dans un robot culinaire et réduire en purée en mélangeant de 3 à 5 minutes.

2 Verser dans un grand bol, incorporer les cuisses de grenouilles et mélanger délicatement. Laisser mariner au réfrigérateur pendant 1 heure.

3 Faire griller les cuisses de grenouilles sur la grille d'un barbecue très chaud ou sous le gril préchauffé du four, de 3 à 5 minutes ou jusqu'à ce que la viande se détache facilement de l'os.

4 Servir aussitôt.

Calmars frits à la créole

4 à 6 portions

1 kg petits calmars, nettoyés **2 lb**

250 ml lait **1 tasse**

250 ml crème à 35 % **1 tasse**

30 ml jus de citron **2 c. à table**

500 ml farine **2 tasses**

30 ml paprika **2 c. à table**

30 ml poudre d'oignon **2 c. à table**

10 ml poudre d'ail **2 c. à thé**

10 ml cumin moulu **2 c. à thé**

10 ml coriandre moulue **2 c. à thé**

2 ml noix de muscade moulue **1/2 c. à thé**

2 ml clou de girofle moulu **1/2 c. à thé**

1 ml piment de Cayenne **1/4 c. à thé**

sel et poivre du moulin

1 L huile d'arachide **4 tasses**

trempette aux mangues

Trempette aux mangues (Donne 500 ml ou 2 tasses)

250 ml mangue hachée grossièrement **1 tasse**

2 gousses d'ail **2**

60 ml oignon vert haché **1/4 tasse**

60 ml coriandre fraîche, hachée **1/4 tasse**

10 ml moutarde de Dijon **2 c. à thé**

125 ml nectar de mangue **1/2 tasse**

15 ml vinaigre de riz **1 c. à table**

30 ml huile d'olive **2 c. à table**

10 ml sauce Worcestershire **2 c. à thé**

1 pincée de piment de Cayenne **1**

sel et poivre du moulin

MÉTHODE

1 Couper le corps et les tentacules des calmars en lanières d'environ 0,5 cm (1/4 po) de largeur. Garder quelques tentacules entiers pour la décoration. Déposer le tout dans un grand bol et verser le lait, la crème et le jus de citron. Bien mélanger, laisser mariner au réfrigérateur pendant 1 heure.

2 Dans un grand bol, mélanger la farine et les épices. Saler et poivrer et réserver à la température ambiante.

3 Égoutter les calmars et les passer, quelques-uns à la fois, dans la farine épicée. Secouer pour enlever l'excédent de farine et plonger dans l'huile d'arachide chauffée à 180 °C (350 °F) de 1 à 2 minutes. Bien égoutter sur des essuie-tout.

4 Servir très chaud, accompagné de la trempette aux mangues.

TREMPETTE AUX MANGUES

1 Verser tous les ingrédients de la trempette dans un bol et passer au mélangeur ou au robot culinaire jusqu'à ce que la trempette ait une consistance crémeuse. Réserver au réfrigérateur.

Index